미디어 이론으로 본 AI

AI문고

인공지능 시대입니다. 기계가 인간의 인지를 대신하고, 사물이 인간을 통하지 않고 다른 사물과 직접 커뮤니케이션합니다. 이에 따른 인간 삶과 문명 변화를 정확히 이해 · 예측 · 대응하는 것은 이 시대 우리 모두의 과제입니다. AI문고는 인공지능 기술과 환경의 여러 주제를 10가지 키워드로 정리합니다. 관련 개념과 이론, 학계와 산업계의 쟁점, 우리 일상의 변화를 다룹니다. 인간과 기술의 현재, 미래를 세심히 분석합니다.

일러두기

- 인명, 작품명, 저서명, 개념어 등은 한글과 함께 괄호 안에 해당 국가의 원어를 병기했습니다.
- 외래어 표기는 현행 어문규정의 외래어표기법을 따랐습니다. 다만 '딥러닝', '딥마인드', '딥페이크' 등은 관행을 따랐습니다.

처음이세요?

전문가세요?

미디어 이론으로 본 AI

김동민

대한민국, 서울, 커뮤니케이션북스, 2025

미디어 이론으로 본 AI

지은이 김동민
펴낸이 박영률

초판 1쇄 펴낸날 2025년 1월 24일

커뮤니케이션북스(주)
출판 등록 2007년 8월 17일 제313-2007-000166호
02880 서울시 성북구 성북로 5-11
전화(02) 7474 001, 팩스(02) 736 5047
commbooks@commbooks.com
www.commbooks.com

ISBN 979-11-7307-413-4 03500

책값은 뒤표지에 표시되어 있습니다.

차례

미디어는 인간의 확장

21세기는 한 분야를 좁게 파고드는 전문주의가 아니라 학문의 완고한 경계를 허문 융합형 지식을 추구한다. 19세기의 자연철학자 윌리엄 휴얼(William Whewell)이 하나의 발원지에서 시작된 물이 여러 갈래로 갈라진 것처럼 철학이 분과 학문으로 갈라진 체계에서 다시 하나로 모이자는 취지로 사용한 용어가 컨실리언스(consillience)였다. 휴얼의 취지에서 볼 때 consillience는 분과 학문의 경계를 허물자는 의미의 지식 융합(convergence)이었다.

그 맥락에서 인공지능(AI)을 마셜 매클루언(Marshall McLuhan)과 월터 옹(Walter Ong)의 독보적인 미디어 이론, 노버트 위너(Norbert Wiener)의 사이버네틱스 이론 그리고 자연과학까지 동원하는 융합적 시각에서 인식하고 분석할 필요가 있다. 특히 매클루언의 통찰로서 미디어를 인간의 확장으로 정의한 이론에 따른다. 나아가 인간의 확장이라는 인식이 단순한 메타포가 아니라 진화생물학에 의해 뒷받침된다는 과학적 근거를 제시할 것이다.

위너의 사이버네틱스는 복잡계의 자기 제어적 동력에 관한 과학으로서 인공 두뇌학으로 알려졌다. AI의 원초적 아이디어로서 커뮤니케이션 테크놀로지와 제어를 다루는 중요한 미디어 이론이기도 하다. 매클루언과 위너의 미디어 이론은 의외로 미디어학계에서 중요하게 다루어지지 않는 공통점이 있다. 자연과학이 접근을 가로막는 장벽으로 작용하기 때문일 것이다. 매클루언은 영문학자이면서 상대성이론과 양자역학, 생물학 등 자연과학의 지식을 동원하여 독특한 미디어 이론을 구축했으며, 위너는 수학자로서 커뮤니케이션공학과 제어공학을 기반으로 하여 사이버네틱스라는 새로운 영역을 개척했다. 이러한 사정으로 중요한 미디어 이론이 미디어학계에서 제대로 수용되지 못하고 있다.

매클루언과 위너는 21세기 융합의 시대와 더불어 새롭게 조명을 받고 있다. 특히 위너의 사이버네틱스는 생성형 AI의 돌풍과 더불어 관심을 불러일으키고 있다. 둘 사이에는 미디어 테크놀로지를 보는 시각에서 차이가 있다. 매클루언은 전자 미디어의 기능에 매우 긍정적인 반면에 위너는 자동 기계로 표현되는 미디어의 부정적 이용을 우려하고 있다.

미디어의 역사는 물론이고 인류 역사를 볼 때도 21세기는 가히 AI의 시대라고 할 만하다. 차차 설명하겠지만, 미디어를 인간의 확장이라고 정의할 때, AI는 인간 확장의 최종 국면에 해당할 수도 있지 않을까 생각한다. 천문학자 칼 세이건(Carl Sagan)이 말했듯이, 인류가 처음으로 뇌의 밖에 저장 수단을 마련한 것은 문자였다. 그 후 인쇄 시대를 경유하여 전기 · 전자 미디어의 시대가 되었고, 그 종착지가 AI가 아니겠는가 하는 것이다. 물론 더 진전된 테크놀로지가 나올지도 모른다.

10개 아이템에 대해

2012년은 AI 혁명의 원년으로 지목된다. 2024년 노벨 물리학상 수상자로 선정된 제프리 힌턴(Geoffrey E. Hinton) 교수가 이끄는 슈퍼비전팀이 이미지넷(Image-Net)이라는 세계 최대 화상 인식 경연 대회에서 경이적인 수준의 알렉스넷 프로그램으로 우승함으로써 명실상부한 AI 시대의 개막을 가져왔다는 것이다. 스웨덴 왕립과학한림원 노벨위원회 측은 10월 8일(현지 시간) "인공신경망을 이용한 기계학습(Machine Learning)을 가능케 하는 기초적 발견 및 발명"을 수상 이유로 꼽았다.

노벨위원회는 "AI가 물리학과는 무관해 보일 수 있지

만 힌턴 교수가 '볼츠만 머신(대규모 데이터 세트에서 패턴을 학습하고 추출할 수 있는 신경망 모델)'을 개발하면서 물리학의 기본 개념과 방법을 사용했다"라며 연구의 뿌리를 물리학에 두었다는 점에 주목했다. 사실 챗GPT의 원리는 볼츠만의 통계물리학, 카오스, 복잡계, 자기조직화 그리고 뇌신경과학 등의 이론과 개념이 핵심이다. 즉 물리학인 것이다. GPT는 입력된 데이터를 통계적으로 조합해서 목표로 하는 언어를 생성한다. 그래서 종종 환각이라고 하는 거짓 답변을 내놓기도 한다. 인간의 뇌와 마찬가지로, 인간 뇌의 신경망을 모사한 인공신경망은 무질서 가운데 질서요, 복잡계의 특징인 자기조직화에 따라 트랜스포머가 작동한다. 인간의 뇌와 AI는 아직 그 비밀을 밝히려 노력하고 있다. 복잡계의 자연적 특징인 자기조직화가 작동되는 구조로서 뇌가 어떻게 의식을 갖게 되었는지 밝혀지지 않았듯이, AI가 왜 그런 엉뚱한 거짓말을 하는지 모르는 것이다. 인간의 특정 행동이 뇌의 특정 부위와 관련이 있다는 사실을 기능성 자기공명영상(fMRI)으로 확인하는데, AI도 이와 비슷한 방식으로 살피고 있다.

평생 힌턴의 생각을 사로잡은 것은 '인간의 뇌는 어떻게 작동하는가'에 대한 끝없는 질문이었다고 한다. 심리학과 생물학을 깊이 이해했던 그는 인간의 뇌가 작동하는 방식은 기호주의 접근과는 다르다고 확신하고, AI를 인간의 뇌처럼 학습할 방법을 찾으려고 당시 이론으로만 존재하던 심층신경망(DNN)을 토대로 한 딥러닝 개념을 개척했다(≪서울경제≫ 2024년 10월 10일 자).

그다음 날인 10월 9일에는 생명현상과 밀접하게 관련된 단백질 구조를 파악하는 AI 모델 '알파폴드'를 개발한 구글의 AI 기업 딥마인드 최고경영자(CEO) 데미스 허사비스(Demis Hassabis)와 존 점퍼(John Jumper)가 노벨화학상 수상자로 선정되었다. 명실상부한 AI 시대가 개막되었음을 확인해 준 것이다. 알파폴드는 2018년 '단백질 구조를 예측하는 기술 중요성 평가' 학회에서 단백질 구조를 가장 정확히 예측함으로써 센세이션을 일으켰다. 과학자들이 확인한 단백질 구조 수십만 개를 학습한 AI 모델은 아미노산 염기서열만 입력하면 가능한 단백질 구조를 빠르게, 수개월 걸리던 작업을 순식간에 할 수 있게 되었다(≪동아 사이언스≫, 2024년 5월 10일, '진화한 단백질 구조 예측 AI… 생체분자와 상호작용도 예측'). 이로써 많은 질병과 관련한 신약의 개발에 전환점이 될 것으로 기대하고 있다.

위너가 1948년 저서에서 제기한 사이버네틱스에 이어

마빈 민스키(Marvin Minsky)와 클로드 섀넌(Claude Shannon), 존 매카시(John McCarthy) 등 과학자들이 1956년 다트머스 학회에서 인공지능이라는 말을 처음 언급했다. 1958년에는 민스키 교수가 자신의 프로젝트를 인공지능이라고 명명하기도 했다(맹성현, 2024, 71쪽). 그 후 숱한 우여곡절과 부침을 거듭한 끝에 2012년에 이르러 사건의 지평선 내지는 특이점을 지나 새로운 시대가 열리게 된 것이다.

AI는 인간의 확장으로서 미디어다. 미디어 이론가 매클루언이 미디어를 인간의 확장이라고 규정한 연장선에서 AI는 인간의 뇌가 확장된 것이다. 미디어를 인간의 확장이라고 정의한 매클루언의 통찰은 미디어 학자들에게 수용되지 않았다. 매클루언이 미디어를 인간의 확장이라고 정의한 것은 단순히 지어낸 엉뚱한 발상이 아니라 생물학 이론으로 뒷받침된다. 그 내용을 1장에서 설명한다. 2장과 3장에서도 매클루언의 통찰로서 미디어가 메시지라는 주장과 미디어는 마사지라는 주장의 의미를 설명한다. 미디어학계에서는 매클루언의 제안을 깊이 검토해 보지도 않은 채 검증되지 않은 주장이라고 폄하하고 무시했다. 매클루언의 통찰은 자연과학의 이론을 근거로 증명한다.

4장 칼 세이건의 인간 지능론과 AI에 대해서는 천문학자이면서 융합형 지식인인 그의 통찰을 반영해 인공지능의 의미를 짚어 본다. 지능을 담당하는 뇌의 연장으로서 문자로 시작해 AI까지 발전한 지성사를 다룬다. 미디어가 인간의 확장이라는 아이디어를 세이건이 뒷받침하는 내용이기도 하다. 5장에서는 다트머스 학회에서 있었던 인공지능 제안과 더불어 인공두뇌라는 아이디어를 바탕으로 인공두뇌로 통하는 사이버네틱스의 현대적 의미를 짚어 본다. 사이버네틱스는 매클루언의 미디어 이론과 더불어 미디어 테크놀로지를 과학적으로 인식할 수 있는 양대 축이다. 사이버네틱스는 커뮤니케이션공학과 제어공학을 다루는 이론이다. 그러나 미디어학계에서는 공학이라는 벽에 막혀 접근조차 하지 않았다. 6~9장에서는 AI에 대한 우려와 지나친 억측, 과민 반응을 비판한다. 마지막으로 범용인공지능(AGI)이 등장한 상황에서 인간과 AI가 어떻게 공존하면서 헤쳐 나가야 하는지 생각해 본다.

유물론의 문제

마르크스는 『정치경제학비판』 서언에서 "인간의 의식이 그들의 존재를 규정하는 것이 아니라, 역으로 그들의 사회적 존재가 그들의 의식을 규정하는 것이다"라고 했다. 이 선언은 지금도 유효할까? 마르크스주의 유물론은 정신에 대한 물질의 우위라는 견지에서, 인간의 의식은 인간의 의식으로부터 독립되어 객관적으로 존재하는 물질세계와 사회를 반영하는 것으로 본다. 엥겔스는 자연과학의 성과를 반영해 마르크스의 유물론을 변증법적 유물론으로 발전시켰다. 그러나 엥겔스의 변증법적 유물론도 곧 자연과학의 새로운 발견에 직면하게 된다.

정신세계는 물질의 반영이라는 기계적 세계관은 20세기 들어 등장한 상대성이론과 양자역학에 의해 무너진다. 그리고 이어서 대두한 진화생물학과 분자생물학, 인간게놈 완성, 뇌신경과학 등으로 증명된 새로운 이론들이 등장한다. 인간의 본성은 부모에게서 물려받은 유전자로 구성된 뇌의 의식이 먼저이고, 뇌가 오랫동안 학습하고 경험한 내용이 축적되면서 변화 발전하는 것이다. 기본적으로 선천적 본성이 존재하면서 환경과 상호작용해 인간의 본성이 발전하는 것이다. 뉴런과 시냅스의 네트워크로 태어나는 뇌는 경험과 지식이 축적되면서 확대 · 발전하는 과정을 밟는다. 이를테면 신경망이 미완성인 채로 태어난 뇌는 선천적인 의식 활동을 시작하면서 학습과 경험이 축적되어 변화하고 발전한다.

존 로크(John Locke)는 『인간 오성론(An Essay Concerning Human Understanding)』에서 인간의 마음은 백지상태로 태어나 경험에 의해 관념이나 지식을 획득한다고 했다. 이른바 빈 서판(Blank Slate)론이다. 인간 이해력(오성)의 원천이 오로지 경험이라는 주장이다. 당시에는 왕권과 교권에 도전하는 진보적 사상이었지만 시대가 바뀌었다. 현대사회학의 기초를 다진 다비드 에밀 뒤르켐(David Émile Durkeim)은 빈 서판론으로 사회학의 기초를 닦았다. 사회적 현상은 어떤 생물학적 요인으로도 설명될 수 없고 오직 사회적 사실로만 설명될 수 있다고 한 것이다(Ridly, 2003/2004, 288쪽). 마르크스의 선언도 이러한 인식에서 크게 벗어나지 않는다.

20세기 현대 과학은 마음에 미치는 유전자의 선천적 요인을 발견했다. 인지심리학자 스티븐 핑커(Steven Pinker)는 빈 서판 학설이 사실과 모순된다면서 인지 혁명의 다섯 가지 개념을 소개했다. 그중 하나만 보면, 빈 서판으로는 아무것도 할 수 없기에 마음은 결코 빈 서판일 수 없다고 했다(Pinker, 2016/2017, 76쪽). 아무런 기능이 없는 빈 서판이 밖에서 뇌로 정보가 전달된다고 한들 기록되거나 저장될 수 없을 것이다. 뇌가 저장 기능이 있는 프로그램을 장착하고 있어야 한다. 그것이 바로 유전자가 만들어 놓은 뉴런과 시냅스로 이루어진 신경망이다. 이 신경망의 구조와 기능을 모사한 것이 인공신경망이다.

인공지능은 관념론이나 형이상학이 아닌 과학적 유물론의 세계관으로 접근해야 한다. 과학적 증거가 없는 상상과 억측을 자제하는 가운데 자연과학의 이론과 지식에 대한 이해를 기본 바탕으로 하면서 변증법적 유물론의 세계관을 견지해야 한다. 위너를 비롯한 사이버네틱스 창시자들도 마음에 대한 과학적이고 유물론적인 이론을 개발해 정신과 물질의 이원론에 관한 오랜 철학적 난제를 해결하고 물리의 세계와 의미의 세계를 화해시키는 과업을 수행한다고 믿었다(Dupuy, 1999/2023, 21쪽). 사이버네틱스를 올바로 이해하려면 관념론과 유물론 그리고 형이상학과 변증법의 세계관에 대한 시각을 분명히 할 필요가 있다.

위너는 생명체의 근본 양식이 자동 기계가 작동하는 본질적 양식과 다르지 않다면서 "새로운 견해를 유물론적이라고 해야 할지는 거의 용어 선택 문제에 불과하다. 물질의 우세는 현대보다는 19세기 물리학의 한 국면이 띠는 특징이었으며, 이제 '유물론'은 그저 '기계론'의 느슨한 동의어 정도가 되었다"(Wiener, 1948/2023, 99쪽)

라고 평가했다. 19세기의 유물론이 데카르트에서 시작해 뉴턴에서 정점을 찍은 기계적 세계관과 같다는 얘기다.

위너는 뉴턴의 물리학을 배격하면서 현대물리학을 앞세우는데, 과학자로서 당연한 선택이다. 뉴턴의 물리학은 초기 조건을 알면 미래를 정확하게 예측할 수 있다는 기계적 · 결정론적 세계관이다. 이 세계관은 정신과 물질의 이원론과 인간중심주의를 제기한 데카르트 이후 19세기까지 지배적인 세계관이었다. 그것을 뉴턴역학이 증명해 주었음은 물론이다. 그러나 이것이 정확하지 않다는 것이다. 이 세계관은 20세기 들어 등장한 상대성이론과 양자물리학에 의해 무너졌다. 유물론이 그저 기계론의 느슨한 동의어가 되었다는 것은, 데카르트의 철학과 뉴턴의 과학적 성과를 반영한 유물론이 낡은 기계적 세계관에 머물고 있다는 의미일 것이다.

위너는 또한 "기계식 두뇌는 초기 유물론자가 주장한 것처럼, '간이 담즙을 분비하는 것'처럼 사고를 분비하지 않으며, 근육이 활동하는 것처럼 에너지의 꼴로 사고를 방출하는 일도 없다. 정보는 정보일 뿐 물질도 아니고 에너지도 아니다. 이것을 인정하지 않는 유물론은 오늘날 존속할 수 없다"(Wiener, 1948/2023, 223쪽)라고 지적

했다. 프랑스 대혁명 시기의 기계적 유물론자 피에르 장 카바니스(Pierre Jean Cabanis, 1757~1808)가 인간의 의식이란 생리학적 기능과 내장 활동으로 나타나는 것이라면서 "뇌에서 의식이 생기는 것은 간이 담즙을 배출하는 것과 근본적으로 다를 것이 없다"(곽영직, 2018, 241쪽)라고 한 말을 비판한 것으로 보인다. 유물론이 새로워져야 한다는 주장이다. 그러면 어떻게 새로워져야 할까?

근래 신유물론이라는 분야가 근대적 유물론을 비판하면서 대두되고 있다. 신유물론은 우선 데카르트 이래의 이원론과 인간중심주의를 배격하고 물질의 능동적 활동성과 창조성을 강조한다. 신유물론은 물질이 "자신의 힘과 능력, 역량과 행위성을 스스로 발휘하여 작용하고 변한다는 점에서 능동적이고, 그런 힘과 역량 등이 있다는 점에서 활기차며, 그것들을 능동적으로 발휘하여 새로운 것을 만들어 낸다는 점에서 창조적이라고 강조한다"(문규민, 2022, 33쪽). 근대적 유물론은 물질의 운동성을 인정하지 않기 때문에 창조성도 없다는 주장이다.

그러나 물질이 운동하면서 창조적 능력을 발휘한다는 사실은 오래전부터 정설이었다. 고대사회 데모크리

토스의 원자론만 보아도 알 수 있는 일이다. 엥겔스는 19세기 자연과학의 새로운 발견과 이론을 바탕으로 속류 유물론을 대체하는 변증법적 유물론을 구축했다. 신유물론이 물질의 운동성을 새롭게 발견한 것처럼 과장하지만 엥겔스는 이미 이렇게 간파하고 있었다. "운동은 물질의 존재 양식이다. 물질이 운동성을 상실하거나 다양한 형태로 전화할 능력을 상실한 운동은 있을 수가 없다"라는 점을 분명히 한 것이다(Engels, 1883/1989, 31~32쪽). 신유물론이 강조하는 물질의 운동성은 엥겔스가 밝힌 내용과 다른 것이 아니다. 신유물론은 정작 물질이 창조적 운동을 할 수 있는 내재적 힘의 정체가 무엇인지는 밝히지 않고 있다.

과학적 유물론과 사이버네틱스

그러면 물질은 무슨 내재적 힘으로 운동하는가? 가장 기본적으로는 전자의 운동이다. 데모크리토스는 변화하지 않는 원자들이 다양하게 결합함으로써 변화하는 세상을 만들어 낸다고 했다. 이때 변화하는 세상을 만들어 내는 주체는 전자의 운동이다. 전자기력을 보유하고 있는 전자는 우주에서 가장 동적이고 가장 많은 변화를 일으키는 존재다(이광형, 2024, 38쪽). 원자를 구성하는 전자들

가운데 자유전자는 궤도를 벗어나 금속결합, 공유결합, 이온결합, 수소결합으로 다양한 변화를 창출한다. 이광형은 전자의 활동성이 약했다면 지구 생명체가 현재와 같이 다양한 종으로 진화하지 못했을 것이고, 아직 지구에는 인간이 태어나지 못했을 가능성이 크다고 했다(이광형, 2024, 39쪽). 전자의 운동은 모든 변화와 창조력의 원천이다.

다음으로 중력을 생각할 수 있다. 뉴턴의 만유인력(萬有引力)의 법칙, 즉 모든 물질은 다른 물질을 끌어당기는 힘을 갖고 있다는 것이다. 그 힘의 원천은 질량이다. 물질은 자기 질량의 크기만큼 다른 물질을 끌어당긴다. 그 힘은 두 물질 질량의 곱에 비례하고 거리의 제곱에 반비례한다(F = G · m1m2/r2).

무릇 모든 운동은 에너지의 존재를 전제로 한다. 아인슈타인은 에너지의 광대한 은신처를 찾아냈다. 물질이 고유하게 보유하고 있는 질량이다. 1905년 발표된 특수상대성이론의 공식 E=mc2의 의미는 질량이 곧 에너지라는 것, 질량을 가진 물질에 빛의 속도를 제곱한 만큼 가속하면 어마어마한 에너지가 생긴다는 것이다. 질량이 바로 물질에 내재된 에너지로서 변화를 창출해 낸다. 질량이란 농축되고 응집된 에너지의 형태라는 것이다

(Bodanis, 2000/2014, 103쪽).

특수상대성이론의 공식은 질량 보전의 법칙과 에너지 보전의 법칙을 통합한 '질량 에너지 보존의 법칙'으로 물질의 질량이 물질을 움직이는 에너지의 원천임을 밝혀 주었다. 1915년에 발표된 일반상대성이론은 새로운 중력이론이다. 적어도 태양 수준의 중력이면 공간을 휘게 만들고, 빛마저도 휘게 된다. 질량이 무거운 물질은 그만큼 큰 힘을 발휘한다. 태양계 행성들은 태양의 질량에 의해 휜 공간에 포섭되어 공전 운동을 하고 있는 것이다.

19세기의 유물론은 엥겔스의 변증법적 유물론이 독보적이다. 신유물론은 물질이 운동하는 힘의 원천도 밝히지 않은 채 기존 유물론을 비판하면서 신유물론이라고 했지만, 엥겔스는 이미 물질의 운동 원리를 밝혀 놓았다. 엥겔스는 19세기 자연과학의 눈부신 성과들을 목도하면서 8년 동안 자연과학 학습에 전념한 결과 환골탈태했다며 소회를 밝혔다(Engels, 1877/1987, 18쪽). 그 결과로 엥겔스는 "근대 자연과학이 (변증법의) 증거로 풍부해지고 날마다 누적되는 재료를 제공하고, 또 사인은 변증법적으로 진행하는 것이지 형이상학으로 진행하는 것이 아니라는 것을 증명해 준 데 감사해야만 한다"(Engels, 1877/1987, 31쪽)라고 강조했다.

자연의 변증법은 당연히 인간 사회에도 적용된다. 인간 사회도 자연의 일부이기 때문이다. 유물론과 관련하여 엥겔스가 지적한 것은 자연과학에서 새로운 발견을 할 때마다 유물론은 그에 부응하여 수정되어야 한다는 점이다. 이런 얘기다. 엥겔스는 유물론이 일련의 발전 단계를 거쳐 왔다면서 "자연과학 영역에서 획기적 발견이 있을 때마다 유물론도 그 형태를 변경시켜야만 했다"라는 사실을 분명히 밝혔다. 그리고 자연현상뿐 아니라 인류 역사도 유물론적으로 다루게 된 이후부터는 여기에서도 새로운 발전의 길이 열렸다고 했다(Engels, 1888/2008, 34쪽). 그뿐 아니라 언제 어디서나 운동을 떠나서는 물질이 없었고, 또 있을 수도 없다는 사실을 분명히 했다(Engels, 1877/1987, 69쪽). 이때는 엥겔스가 자연과학 공부를 마친 후로 19세기 자연과학의 성과를 반영한 유물론을 언급한 것이다. 그래서 형이상학이 아닌 변증법적 유물론이다.

마르크스의 유물론이 불변의 진리가 아닌 이상 객관적 상황이 바뀌면 그에 부응하여 수정되어야 하는 것은 당연하다. 그것이 엥겔스의 정신이다. 엥겔스의 변증법적 유물론도 19세기의 산물이기에 20세기 벽두부터 대두된 상대성이론과 양자역학을 포함해 자연과학의 새로운 발견을 반영해 새롭게 서술되어야 한다. 그렇다면 지금 우리에게 필요한 것은 형이상학적 신유물론이 아니라 엥겔스의 변증법적 유물론을 토대로 하여 20세기 이후 새롭게 대두된 자연과학의 새로운 발견과 이론을 반영한 과학적 유물론이다. 위너가 고전물리학에서 탈피한 새로운 유물론을 강조한 것도 이런 맥락에서였다.

엥겔스의 『자연변증법』과 『반듀링론』 그리고 『루트비히 포이어바흐와 독일 고전 철학의 종말』은 변증법적 유물론의 교과서라고 할 수 있다. 엥겔스는 "마르크스의 역사관은 변증법적 자연관이 온갖 자연철학을 쓸모없고 성립될 수 없는 것으로 만든 것과 마찬가지로 역사의 영역에서 철학을 끝장냈다. 이제는 연관성을 머릿속에서 고안해 내는 것이 문제가 아니라 사실 자체에서 발견하는 것이 문제다"라고 밝혔다(Engels, 1888/2008, 81쪽). 19세기 자연과학의 눈부신 성과와 발전은 헤겔의 형이상학에 종말을 고하면서 변증법적 유물론을 과학적 유물론으로 정립해 놓았다.

그러나 오래가지 않은 20세기의 벽두에 상대성이론과 양자역학이 등장함으로써 엥겔스의 변증법적 유물론도 수정이 불가피해졌다. 엥겔스라면 자신이 8년 동안 자연과학을 공부해서 정립한 변증법적 유물론을 수정했을 것이다. 그러나 현대의 마르크스주의 연구자들은 아무도 그렇게 하지 않았다. 사이버네틱스는 수면 아래 가라앉자 있다가 AI의 부상과 함께 새롭게 주목받고 있다. 따라서 이 시점에서 필요한 것은 사이버네틱스 창시자들이 의도했던 과학적이고 유물론적인 세계관으로 인간의 확장인 AI의 이론을 정립하는 과업을 실천하는 것이다.

참고문헌

곽영직(2018). 『과학자의 철학노트』. MID
몸문화연구소(2022). 『신유물론』. 필로소픽.
문규민(2022). 『신유물론 입문: 새로운 물질성과 횡단성』. 장원.
맹성현(2024). 『AGI 시대와 인간의 미래』. 헤이북스.
이광형(2024). 『미래의 기원』. 인플루엔셜.
Bodanis, D.(2000). *E=mc²: A Biography of the World's Most Famous Equation*. 김희봉 옮김(2014). 『E=mc² 세상에서 가장 유명한 방정식의 일생』. 웅진지식하우스.
Dupuy, J.(1999). *Aux Origines des Sciences Cognitives*. 배문정 옮김(2023). 『마음은 어떻게 기계가 되었나: 인지과학의 기원 또는 사이버네틱스』. 지식공작소.
Engels, F.(1877). *Herrn Eugen Dührings Umwälzung der Wissenschaft*. 김민석 옮김(1987). 『반듀링론』. 새길.
Engels, F.(1883). *Dialektik der Natur*. 윤형식·한승완·이재영(1989). 『자연변증법』. 중원문화.
Engels, F.(1888). *Ludwig Feuerbach und der Ausgang der klassic Deutschen Philosophie*. 강유원 옮김(2008). 『루트비히 포이어바흐와 독일 고전철학의 종말』. 이론과실천.

McLuhan, M.(2003). *Understanding Media: The Extensions of Man*. critical edition edited by W. Terrence Gordon, Ginko Press.

Pinker, S.(2016). *The Blank Slate: The Modern Denial of Human Nature*. 김한영 옮김(2017). 『빈 서판 – 인간은 본성을 타고나는가』. 2017.

Ridly, M.(2003). *Nature Via Nurture: Genes, Experience, and What Makes Us Human*. 김한영 옮김(2004). 『본성과 양육』. 김영사.

Wiener, N.(1948). *CYBERNETICS: Or Control And Communication In The Animal And The Machine*. 김재영 옮김(2023). 『사이버네틱스: 동물과 기계의 제어와 커뮤니케이션』. 읻다.

Works of Lenin. vol X IV.

01
인간의 확장

미디어는 인간의 확장이다. 생물학으로 들어가면 미디어는 유전자의 확장된 표현형이다. 구석기시대의 주먹도끼에서부터 언어와 문자, 인쇄술, 방송, 인터넷, 스마트폰을 거쳐 AI까지 모두가 유전자의 확장된 표현형으로서 인간 신체의 확장이다. 신체의 확장 덕분에 인류는 척박한 환경에 적응하면서 살아남아 문명을 이룩할 수 있었다.

매클루언은 미디어를 인간의 확장이라고 정의했다. 그는 『미디어의 이해(Understanding Media)』 1판 서문에서 "기계시대 동안 우리는 우리의 신체를 공간적으로 확장했다"라고 했다. 그리고 지금의 전기시대에는 중추신경의 지구적 규모의 확장이라는, 테크놀로지 차원에서 의식을 시뮬레이션하는 인간 확장의 최종 국면에 진입했다는 사실을 강조했다(McLuhan, 2003, 5). 중추신경의 확장이라는 인간 확장의 최종 국면 가운데서도 가장 최근의 테크놀로지가 인공지능(AI)일 것이다. 인공지능이라는 말 자체가 지능을 담당하는 뇌의 확장을 의미한다. 인간의 확장이라는 분야의 최고봉이라고 할 수 있겠다.

인간의 확장이란 구체적으로 신체의 한계를 극복하고자 고안해 낸 도구로서 활동의 소요 시간을 단축해 주는 동시에 활동 공간 확대를 가능하게 해 주는 인공물이라고 정의할 수 있다. 말과 문자는 물론이고, 전통적인 미디어의 영역을 초월해 시간을 단축하고 활동 공간을 확대하고자 고안해 사용하는 것은 모두 인간의 확장으로서 미디어에 해당한다. 공간이 확대되었다는 것은 공간이 좁아졌다는 의미와 같다. 활동 공간이 확대됨으로써 감각적으로 그리고 실제로 공간이 좁혀진 것으로 인식하게 되는 것이다. 걸어 다닐 때는 조선도 엄청 넓었지만, 비행기로 이동하게 된 지금은 미국이나 유럽도 가깝게 느껴진다.

유전자의 확장된 표현형

매클루언은 그 대표적인 것으로 바퀴와 도로를 든다. 바퀴 달린 수레가 수행하는 시공간의 단축 효과는 우리가 이미 다 인정하는 바다. 한 사람이 수레에 물건을 싣고 이동한다고 할 때, 손으로 나르는 것보다 훨씬 더 많은 물건을 싣고도 빠르게 멀리 옮길 수 있다. 시공간의 단축이다. 바퀴에는 자연스럽게 도로가 필요하게 된다. 매클루언은 그 결과를 이렇게 묘사했다. "바퀴는 도로를 만들었고, 생산물을 밭에서 거주지로 더 빠르게 옮겼다. 가속은 점점 더 큰 중심들, 점점 더 많은 전문주의 그리고 더 강렬한 자극, 총합, 침략을 초래했다"(McLuhan, 2003, 250).

바퀴 달린 수레는 급기야 자동차, 기차, 비행기의 출현으로 이어진다. 도로는 철길과 하늘길로 발전했다. 그에 따라 시공간이 더욱 단축되는 것은 물론이고, 사람들의 생활 패턴이 바뀐다. 운송 수단과 도로는 인쇄된 문자의 이동 경로 역할을 한다. 그리고 마지막 길은 전기회로다. 전기회로는 정보를 전기의 속도로 주고받는다. 아무리 빠른 비행기라도 전기의 속도는 앞지르지 못한다. 전기의 속도는 빛과 같은 초속 30만 km로 지구를 일곱 바퀴를 넘게 도는 수준이다. 전기 미디어의 등장이다. 양자역학을 기반으로 한 트랜지스터 반도체의 등장으로 전자 미디어의 시대를 열게 된 것이다. 전자혁명 시대의 개막이다. 진공관을 사용하던 라디오와 텔레비전에서 휴대용 트랜지스터라디오를 거쳐 인터넷 기반 미디어의 시대로 진입하게 된 것이다. 그리고 지금 우리는 AI 시대에 진입했다.

인간의 확장이라는 아이디어는 진화생물학으로 뒷받침된다. 다윈 이후 주된 관심은 진화의 단위가 무엇이냐, 종이냐 개체냐 하는 것이었다. 다 알다시피 진화는 자연선택과 돌연변이로 나타난다. 아주 오랜 기간에 걸쳐 자연의 환경과 조건에 적응하는 과정에서 변이가 나타나고, 궁극적으로 진화로 이어지는 것이다. 가끔 돌연변이가 나타나기도 한다. 문제는 그러한 변이와 진화가 종 단위에서 나타나느냐 개체 단위에서 나타나느냐는 것이다. 일차적으로는 개체 단위에서 나타나는 것으로 생각했다. 그다음은 DNA의 발견과 더불어 유전자 이론이 우세하게 되었다.

리처드 도킨스(Richard Dawkins)는 그동안의 학계 성과를 종합해 이기적 유전자라는 이론을 내놓았다. 도킨스의 이론에서 인간의 확장과 관련해 주목해야 할 것은 '확장된 표현형'이라는 개념이다. 보통 유전자는 개체의 몸 안에서 특정 표현형이 발현되도록 작용한다. 그러나 유전자가 표현형에 미치는 영향은 그 유전자가 들어 있는 몸에 국한되지 않는다.

도킨스는 유전자의 표현형이 생명체 바깥의 세계에까지 확장되어 영향을 미친다면서 비버의 댐, 새집 그리고 날도래 애벌레의 집과 같은 건축물을 예로 들었다(Dawkins, 2016/2018, 437쪽). 유전자가 생명체의 몸 안에서만 작동하는 게 아니라 몸 밖으로까지 영향력을 행사한다는 것이다.

도킨스는 비버가 나뭇가지를 운반해 개울을 막아 작은 호수를 만드는 일이나 날도래 애벌레가 돌멩이로 집을 짓는 등 동물이 만든 조작물도 유전자의 표현형 도구라고 했다. 그리고 비버나 흰개미들처럼 개체가 아니라 집단적으로 작업하는 경우도 확장된 표현형이라고 밝힌다. 또한 뇌가 유전되듯이 행동도 유전된다는 사실을 분명히 했다(Dawkins, 1982/2022, 336~338쪽). 유전자의 목표는 생존과 번식인데, 생존과 번식에 유리한 환경을

조성하기 위해 유전자가 몸 밖으로까지 영향력을 행사한다는 것이다. 다른 개체의 몸에 영향을 미치기도 하고, 비버나 새나 날도래처럼 집을 짓기도 한다. 인간이 말이나 컴퓨터와 같은 미디어로 다른 사람의 뇌에 정보를 전달해 기억되도록 하는 것도 확장된 표현형이다.

사이버네틱스, 인간의 확장

그런 차원에서 보면 인간이 만든 도구들도 유전자의 확장된 표현형이다. 인간이 다른 동물들은 말할 것도 없고, 인간과 98.4% 일치하는 유전자를 가진 침팬지와 다른 점은 언어의 사용과 창의성, 예술적 재능 그리고 복잡한 도구의 사용과 개량이다(Diamond, 2014/2015, 23쪽). 따라서 인간의 유전자가 생존과 번식에 유리한 환경을 조성하려고 표현형을 신체 밖으로 확장해 도구를 만드는 것은 당연한 행동이다. 시공간의 한계를 극복하게 해주는 미디어를 인간의 확장이라고 한 것은 이 맥락에서 이해할 수 있다. 그렇다면 비버의 댐이 비버 유전자의 확장된 표현형이듯이 인류의 문명과 문화도 결국 유전자의 확장된 표현형일 수 있다(장대익, 2009, 256쪽).

문화는 마음의 표현이라고 정의할 수 있다. 인간이 고안해서 만들어 낸 생활필수품을 비롯해서 노동과 놀이의 형태, 규범, 제도, 종교, 무기, 건축, 조각, 음악, 미술, 문학, 무용 등 모든 문화가 유전자의 확장된 표현형이다. 이 모든 것이 또한 인간의 생존과 번식에 기여하는 것은 물론이다.

캘리포니아대학교 마이클 머제니치(Michael Merzenich) 교수는 갓 태어난 원숭이의 손에 나무 막대기를 묶어 어디까지 자아로 느끼는지 알아보는 실험을 했다. 그 결과 뇌의 자아는 나무 막대기의 끝까지 제어할 수 있는 것으로 나타났다. 손을 제어하는 뇌의 신경세포 영역이 확장된 것으로, 이것을 자아 확장이라고 한다(김대식, 2017, 329쪽). 이처럼 확장된 표현형은 다양한 형태로 발휘된다.

위너도 물질적 이동과 정보의 이동이라는 두 가지 유형의 커뮤니케이션을 고려할 때면 "메시지의 이동은 인간의 감각기관을 확장하고 인간의 행동 능력을 지구 한쪽 끝에서 다른 쪽 끝으로 확장하는 정도까지 나아갔다"라고 했다(Wiener, 1950/2011, 120쪽). 매클루언의 미디어 이론과 서로 통하는 데가 있는 것을 알 수 있다. 사이버네틱스를 연원으로 하는 AI도 그 가운데 하나임은 물론이다.

인간의 확장은 외뇌(外腦)의 출현을 목도하고 있다.

뇌의 진화와 더불어 언어를 사용하게 되면서 인지기능이 일취월장 진전을 보인 이래 생성형 AI의 등장으로 제2차 인지혁명이 진행되는 과정에서 '뇌의 확장' 에 해당하는 외뇌의 출현이 시작되었고, 초기 인간 사회의 형성에 버금갈 정도로 AI와 공생하는 사회가 도래하는 것이다(맹성현, 2024, 156쪽).

참고문헌

김대식(2017). 『인간을 읽어내는 과학』. 21세기북스.

맹성현(2024). 『AGI 시대와 인간의 미래』. 헤이북스.

장대익(2009). 『다윈의 식탁』. 김영사.

Diamond, J.(2014). *The Third Chimpanzee for Young People.* 노승영 옮김(2015). 『왜 인간의 조상이 침팬지인가』. 문학사상.

Dawkins, R.(2016). *The Selfish Gene: 40th Anniversary Edition.* Fourth Edition. 홍영남·이상임 옮김(2018). 『이기적 유전자』. 을유문화사.

Dawkins, R.(1999). *The Extended Phenotype.* 홍영남·장대익·권오현(2022). 『확장된 표현형』. 을유문화사.

McLuhan, M.(2003). *Understanding Media: The Extensions of Man.* critical edition edited by W. Terrence Gordon, Ginko Press.

Wiener, N.(1950). *The Human Use of Human Beings.* 이희은·김재영 옮김(2011). 『인간의 인간적 활용: 사이버네틱스와 사회』. 텍스트.

02
미디어가 메시지다

미디어가 메시지라는 것은 사람들에게 영향을 미치고 사회 변화를 가져오는 것은 메시지가 아니라 미디어라는 매클루언의 통찰이다. 모든 매스컴 이론이 메시지의 흐름이라는 커뮤니케이션에 치중할 때 매클루언은 미디어가 메시지라고 선언한 것이다. AI도 마찬가지다. 힌턴 교수가 노벨물리학상을 받게 한 것도 머신러닝과 심층신경망이라는 미디어였다. 방대한 양의 데이터를 학습해 모든 분야의 지식을 제공하는 미디어로서 AI가 변화의 원동력이다.

AI와 MBTI?

매클루언의 미디어 이론은 너무나 파격적이어서 일반인은 물론이고 미디어 연구자들 사이에서도 쉽게 받아들여지지 않는다. 미디어가 메시지라는 말도 그렇다. 미디어는 메시지를 전달하는 채널이라고 굳게 믿고 있는 미디어 연구자들에게 이 명제는 파격이라기보다는 납득할 수 없는 일탈이다. 그래서 미디어가 메시지에 영향을 미친다는 의미라고 자신의 평소 신념대로 해석하는 경향이 있다. 미디어가 메시지에 영향을 미치는 것은 사실이지만, 그것은 매클루언의 생각이 아니다. 매클루언이 하고 싶은 얘기는 사람들에게 영향을 미치고 사회를 변화시키는 원동력은 메시지가 아니라 미디어라는 것이다.

사람들에게 영향을 미치고 사회를 변화시키는 것은 메시지가 아니라 미디어다

매클루언은 미디어 가운데 전자 미디어를 선호하고 여기에 집중한다. 특히 인쇄술에 해당하는 기계 미디어에 비판적이면서 전자 미디어에는 매우 우호적이다. 이를테면 사람들은 대부분 기계 자체가 아니라 기계를 가지고 무엇을 했느냐, 그 의미나 메시지가 무엇이냐를 말하는 경향이 있지만 매클루언은 그게 아니라고 강조한다. 이를테면 기계 미디어의 본질에 해당하는 파편화 기법이 인간의 노동과 기관의 개편을 초래했다고 한다(McLuhan, 2003, 19). 내용이 아니라 미디어 자체가 초래한 사회적 변화를 강조한 것이다. 인쇄물의 내용이 무엇이냐는 중요하지 않고 인쇄 미디어 자체가 파편화의 원인이라는 것이다. 책과 같은 인쇄물은 집단이 아닌 사사로운 개인적 매체라는 인식의 소산일 것이다. 그렇게 파편화된 인간관계는 전기 미디어에 따라 바뀌었다. 다시 음성언어의 시대, 즉 청각의 시대로 복귀했다는 것이다. 역시 메시지와는 무관한 변화다. 이것이 미디어가 메시지라는 말의 의미다.

기차와 자동차와 비행기도 시공간의 단축을 가져온다는 의미에서 인간의 확장으로서 미디어라고 했다. 다 알다시피 기차와 자동차와 비행기는 인류 사회를 크게 변화시켰다. 이들 교통수단이 어떤 사람들과 어떤 화물을 운반했는지와는 관계가 없다. 미디어 자체가 가져온 변화다. 그래서 미디어가 메시지인 것이다. 음성언어와 문자, 인쇄술 그리고 전기 미디어도 그 자체로 사회를 변화시켰지 메시지가 한 일이 아니었다.

"어떤 종류의 미디어, 즉 인간의 확장을 이용하면 사람들 사이에서 상호 의존의 패턴을 바꿔 놓는다. 그것은 마치 우리 감각 비율을 바꿔 놓는 것과 같다"(McLuhan,

2003, 127). 주류 미디어가 바뀌면 인간관계가 바뀐다. 소셜네트워크서비스(SNS)가 인간관계의 패턴을 변화시켰다는 것은 주지의 사실이다. 인터넷이 등장한 이후 사람들이 디지털 공간에서 소통하기 때문에 사람들 사이에서 상호 의존의 패턴이 바뀐 것이다. 과거에 비해 대면 접촉과 직접 만남보다는 디지털 공간에서의 접촉과 만남으로 바뀌었다는 사실은 우리가 익히 경험한 바다. 챗GPT에 언론학자들도 틀리게 알고 있는 미디어가 메시지라는 말을 물어보았다. 그 결과 이렇게 번개같이 답을 내놓았다.

> 마셜 매클루언(Marshall McLuhan)의 "미디어가 메시지다(The medium is the message)"라는 말은 매체 자체가 전달하는 콘텐츠보다 더 큰 영향을 미친다는 의미입니다. 이는 매체가 정보를 전달하는 방식을 바꾸면서 사회와 인간의 인식, 사고방식, 행동에 깊은 영향을 미친다는 것을 강조한 개념입니다.
>
> 매클루언은 각 매체가 고유한 특성과 구조를 지녔으며, 이로써 매체가 사회에 미치는 영향이 다르다고 보았습니다. 예를 들어, 텔레비전과 책은 각각 다른 방식으로 정보를 전달하고, 그로써 사람들이 정보를 소비하고 이해하는 방식도

달라집니다. 텔레비전은 시각적이고 즉각적인 반면, 책은 독자가 더 깊이 생각하고 해석해야 합니다.

따라서 매체가 단순히 메시지를 전달하는 도구가 아니라, 그 자체로 사회와 문화를 형성하고 변형시키는 중요한 요소라는 점을 강조한 것입니다. 이로써 매클루언은 우리가 매체의 형태와 구조에 주목하고, 그로 인한 사회적 변화를 인식해야 한다고 주장했습니다.

정답에 가까운 답을 했다. 다만, 미디어가 메시지보다 더 큰 영향을 미치는 게 아니라 메시지와 관계없이 또는 선행적으로 영향을 미친다. 그래서 매클루언은 "테크놀로지의 효과는 의견이나 개념의 차원에서 발생하는 것이 아니라 감각 비율이나 지각 패턴을 꾸준히 그리고 아무런 저항도 받지 않고 변화시킨다"라고 한 것이다(McLuhan, 2003, 31). 메시지의 효과가 아니라 미디어 테크놀로지의 효과인 것이다.

사진술의 등장은 인상파 회화의 시대를 열었다

원시 인류에게 언어의 사용은 생활에 획기적 변화를 가져왔을 것이다. 무엇보다 의사소통이 원활해짐으로써 도구의 사용과 개량, 노하우 전수가 수월해져 사냥에서

수확이 늘어났을 것이다. 그 결과 개인은 건강해지고 공동체는 활력이 넘쳐났을 것이다. 무슨 말을 했는지는 부차적이고, 언어를 사용했다는 사실 자체가 중요했을 것이다. 문자의 사용은 말을 기록으로 남겨 공유하고 전수함으로써 시공간의 단축을 가져왔고, 지성사의 시대를 열었다. 문자의 독점으로 계급독재가 시작되었음은 물론이다.

인쇄술은 지식의 대중화 시대를 열었다. 대중적 신문의 등장과 더불어 사진술의 발전은 회화의 역사를 바꿔놓는 데 기여했다. 자연 그대로의 정밀 묘사를 중시하던 시대에 사진술의 등장은 초상화 수입에 의존하던 화가들을 충격에 빠뜨렸다. 그 결과 사실주의 회화의 시대는 저물고 인상파의 시대가 도래했다. 이 모두가 내용과는 무관하게 미디어 자체가 가져온 변화였다.

우리는 이러한 변화를 직접 경험했고, 새롭고 충격적인 변화를 빠른 속도로 거듭 경험하고 있다. 2009년 아이폰과 스마트폰이 우리 사회에 보급된 이후 불과 15년 사이에 일어난 일들을 생생하게 기억하고 있다. 퍼스널 컴퓨터가 보급되기 시작하자마자 인터넷이 전 세계를 연결하고, 아날로그에서 디지털로 이행하는 과정에서 겪은 일들은 아득히 오래된 희미한 기억으로 남아 있다.

모든 미디어는 스마트폰으로 통합되었고, SNS와 유튜브가 대세인 가운데 종이 신문과 지상파 방송의 시대가 저물고 있다. 그리고 생성형 AI가 등장했다. 모두 미디어가 만드는 세상이다. 콘텐츠는 그다음이다.

전기 미디어는 고립·분산되어 있는 대중을 연결하고 참여하게 해 줌으로써 인간관계의 패턴을 바꾸고 사회를 변화하게 만들었다. 스마트폰은 콘텐츠와 관계없이 인쇄 시대를 마감시켰으며, 생성형 AI 역시 콘텐츠와 무관하게 또 다른 충격으로 다가왔다. 1956년 이래 낮은 수준에서 부침을 거듭하는 가운데 분석형 AI를 거쳐 생성형 AI인 챗GPT-4의 출현으로 인류는 지금까지와는 완전히 다른 새로운 시대로 진입했다. 어떤 분야의 질문이든지 거침없이 즉각적으로 답을 제공하는 AI가 준 충격은 놀라울 지경이다. AI가 생성해 내는 지식도 놀랍지만, 그런 능력을 보유한 AI의 존재 자체가 놀라운 일이다. 인간의 뇌를 모사한 인공신경망을 구축해 언어 모델 알고리즘에 따라 어려운 과제도 척척 해결하는 능력을 갖추었다는 사실이 경이로운 것이다. 그래서 미디어가 메시지인 것이다.

인간의 확장인 미디어를 이용하면 우리 감각 비율을 바꿔 놓는 것처럼 사람들 사이에서 상호 의존의 패턴을 바꿔 놓는다고 했다. 이 방면에서 AI를 따라갈 미디어는 없다. AI, 그중에서도 생성형 AI는 완전히 다른 세상을 만들고 있다. 2016년 이세돌과 알파고의 대결이 사회적으로 큰 관심을 끈 적이 있다. 그러나 그 관심은 오래가지 않았다. 왜냐하면 바둑 분야에 한정된 사건이었기 때문이다. 그러나 생성형 AI는 다르다. 그 무한한 능력에 머지않아 다가올 세상을 불안하게 생각하는 사람들이 많다. 그래서 미디어가 메시지다.

참고문헌

McLuhan, M.(2003). *Understanding Media: The Extensions of Man.* critical edition edited by W. Terrence Gordon, Ginko Press.

03

미디어는 마사지다

마사지는 신체에 자극을 주어 근육의 피로를 풀어준다. 말은 필요 없다. 말은 의견을 주고받으며 생각을 공유한다든지 설득하려는 것이 목적이다. 그 대신 몸은 마사지를 원한다. 마사지는 헬스장 운동이나 스포츠일 수도 있다. 운동을 하면 몸이 좋아하고 생각에 영향을 미친다. 건강한 신체에 건강한 마음이 깃드는 법이다. 미디어는 그런 기능을 한다.

AI와 난임 극복?

매클루언은 '미디어는 마사지다'라는 말도 했다. 이 말은 '미디어가 메시지다'라는 말과 어떻게 다를까? 이 선언의 의미도 연구자들 사이에 잘 스며들지는 않은 것 같다. 매클루언이 퀀틴 피오레(Quentin Fiore)와 함께 쓴 『미디어는 마사지다(The Medium is the Massage)』의 서두에서 강조한 내용이다. 왜 미디어를 마사지라고 하는지 보자.

> 우리 시대의 미디어 혹은 과정, 즉 전기 테크놀로지는 사회적 상호 의존의 패턴과 개인적인 삶의 양상을 재형성하고 재구축하고 있다. 전기 테크놀로지는 우리들로 하여금 전에는 당연한 것으로 여기던 모든 생각과 행동과 관습을 실질적으로 재고하고 재평가하도록 강제하고 있다. …알파벳과 인쇄 테크놀로지는 파편적 과정, 즉 전문화와 분리의 과정을 육성하고 고무시켰다. 전기 테크놀로지는 통일과 개입을 육성하고 고무시킨다. 미디어의 작동에 관한 지식이 없으면 사회적 · 문화적 변화를 이해하는 것이 불가능하다"(McLuhan&Fiore, 1967, 8).

미디어의 작동에 관한 지식이 가장 중요

매클루언의 일관된 논지는 인쇄 미디어에 대한 비판과

더불어 전기 미디어에 대한 이해를 촉구하는 것이다. 여기에서도 전기 미디어의 등장으로 인쇄 미디어에 따라 형성된 모든 것이 극적으로 바뀌고 있다는 사실을 강조하고 있다. 파편화되고 전문화된 과정에서 통일과 개입(involvement)으로 변화했다는 것이다. 지식의 융합이다. 따라서 미디어의 작동에 관한 지식이 부재하면 사회문화적 변화를 이해할 수 없게 된다. 그런 의미에서 미디어가 마사지라는 말의 의미를 잘 파악해야 한다. 매클루언은 "미디어가 마사지라는 말은 무슨 일이 일어나고 있는지 주위를 둘러본다는 것"이라면서 이렇게 지적했다.

> 미디어 연구자들은 게으르게도 '본질'이 아니라 수단이나 과정에 집중함으로써 끊임없이 기피자라는 공격을 당한다. '본질'의 극적이고 신속한 변화는 이렇게 비난하는 사람들을 피하게 된다. 누구든지 그의 환경, 즉 사회적 활동을 불변의 관점으로, 지각되지 않는 것에 어리석게 반복적으로 반응하는 식으로 접근한다면, 생존이 불가능할 것이다(McLuhan&Fiore, 1967, 10).

미디어 연구자들이 미디어 자체의 사회문화적 영향력을 도외시하고, 미디어를 단순히 커뮤니케이션의 수

단으로 본다든지 메시지 중심의 커뮤니케이션 효과 내지는 모델에 집중한다는 지적이다. 미디어의 본질을 파악하는 게 먼저인데 그건 하지 않고 커뮤니케이션 효과에만 집착한다는 얘기다. 그때나 60년이나 지난 지금이나 미디어학계의 변함없는 현실이기도 하다. 그러나 본질에 해당하는 미디어 테크놀로지의 급속한 발전으로 인해 본질에서 벗어난 행위에 대한 비난이나 지적은 오래가지 않는다. 너무나 빠르게 변하기 때문에 그걸 지적할 겨를조차 없이 바뀌는 것이다. 매클루언은 관점에 대해 매우 비판적이다. 관점이란 전체를 보지 않고 부분을 보고 각자가 주관적 판단을 하기 때문이다. 매클루언은 『미디어의 이해』의 나르시스를 다룬 4장에서 이렇게 썼다. "실존주의는 카테고리보다는 구조의 철학, 개인을 격리시키는 부르주아 정신이나 관점 대신에 총체적 사회적 개입을 제공한다. 전기시대에 우리는 모든 인류를 우리의 피부로 삼게 되었다"(McLuhan, 2003, 70).

실존주의는 보편적 인간이 아니라 개인을 중시한다. 관점(points of view)이 아닌 총체적 개입을 강조한 부분에 주목해 보자. 매스컴 효과이론은 관점들을 모아 놓은 것이다. 관점들을 모아 놓는다고 해서 저절로 전체의 모습이 드러나거나 본질이 파악되는 것은 아니다. 그러므로 처음부터 총체적으로 접근해야 한다. 그것을 전기 미디어가 도와준다는 것이다. 관점의 문제에 대해서는 『미디어의 이해』 1판 서문에서도 자세하게 설명해 놓았다. 다시 『미디어는 마사지다』로 돌아가서 보면, 그렇게 관점, 그것도 불변의 파편적인 관점으로 접근하면, 연구자로서 생존이 불가능할 것이라고 했다. 총체적으로 접근해야 하는 걸 관점으로 접근하면 미디어의 실체를 파악할 수 없다. 각자의 관점만 무성한 가운데 미디어 없는 미디어 이론이 되는 것이다.

매클루언에게 많은 영향을 주었다는 월터 옹은 미디어 모델이 커뮤니케이션의 행위를 왜곡하는 것으로 해석한다. 그래서 매클루언이 '미디어는 마사지다'라고 했다는 것이다. 정보를 코딩해서 파이프라인과 같은 미디어에 집어넣어 보내면, 그것을 받은 사람은 정보의 코드를 해독해 뇌에 저장한다. "이 모델은 인간의 커뮤니케이션과 어떤 관련성이 있는 것처럼 보이지만 그러나 잘 보면 실은 거의 관련성이 없고, 원형을 벗어난 정보로 커뮤니케이션의 행위를 왜곡하고 있다"라는 얘기다(Ong, 1982, 274쪽).

실제의 인간 커뮤니케이션을 관찰해 보면, 보내는 사람은 받는 사람 처지에서 반응을 추측하며 메시지를 보내고, 받는 사람도 마찬가지로 보내는 사람의 의도를 예상하면서 반응을 한다. 일리가 있는 얘기다. 미디어를 통한 소통은 인간 커뮤니케이션이 아니라 파이프라인 같은 미디어로 마사지가 될 뿐이라는 얘기다. 옹의 얘기를 좀 더 들어 보자.

> 말을 하려면 말을 시작하기 전에 말하려고 하는 상대의 정신과 이미 어느 의미에서 커뮤니케이션이 되어 있어야만 한다. …즉 나의 발언과 관련되는 타인의 정신을 나는 어떠한 방식으로든 느껴야만 한다. 인간의 커뮤니케이션은 결코 일방적인 것이 아니다. 그것은 응답을 요구할 뿐 아니라, 미리 예상된 응답으로 바로 그 형식과 내용이 형성되기도 한다 (Ong, 1982, 275쪽).

생성형 GPT-4는 불과 1년 사이에 세상을 마사지해 놓았다

문자문화는 이러한 구술문화와 다르다. 더구나 파이프라인 같은 미디어 테크놀로지 기계를 통한 커뮤니케이션은 또 다른 차원일 것이다. 매스 커뮤니케이션은 일방적이었다. 이러한 본질적 문제에 주목하지 않고 메시지 중심의 커뮤니케이션 효과 차원에서 접근하는 것은 재고할 여지가 있다. 적어도 마사지 효과가 개입될 수밖에 없는 점을 고려하지 않을 수 없는 것이다. 실제로 전통적인 매스미디어 시대의 저널리스트와 제작자들은 공중과의 소통이라는 지점보다는 자신들의 관점에서 하고 싶은 메시지를 일방적으로 전달하는 게 보통이었다. 매스미디어의 구조가 그렇게 되어 있었다. 독자와 시청자의 참여는 형식적이고 제한적이었다.

미디어가 마사지라는 말은 음성언어에서도 적용된다. 음성언어(이하 '언어'로 표기)는 언어 커뮤니케이션(verbal communication)의 시대를 연 미디어다. 언어는 인간의 확장이기는 하지만 집단적 의식이나 직관적 깨달음을 위축시키며, 인간과 인간을 분리하고 인류를 무의식으로부터 분리한다(McLuhan, 2003, 113). 인간과 인간, 인간과 자연 사이에 언어라는 장벽이 생긴 것이다. 말로 설명할 수 없는 미묘한 영역이 있을 수 있음에도 언어로 생각하고 설명할 수 있는 말만 하게 되었다. 그래서 인간은 언어의 감옥에 갇혀 있다고도 하는 것이다. 미디어가 마사지함으로써 인간의 지각 패턴과 감각 비율에 영향을 미치고, 인간관계와 자연관을 변화시킨 것이다. 그래서 미디어는 마사지다.

마사지는 신체를 이완해 줌으로써 피로를 풀어 주고

마음을 편안하게 해 준다. 일체유심조(一切唯心造), 모든 것은 마음이 지어내는 것이다. 진화생물학이나 뇌신경과학이 증명하는 통찰이기도 하다. 마음이 편안하면 뇌도 활성화된다. 좋건 싫건 인류의 마음을 지배하는 것은 메시지 이전에 미디어다. 지금 이 사회에 충격을 주는 것은 생성형 GPT-4다. 생성형 AI가 1년도 되지 않은 기간에 전 세계를 마사지해 놓았다.

참고문헌

McLuhan, M.(2003). *Understanding Media: The Extensions of Man*. critical edition edited by W. Terrence Gordon, Ginko Press.

McLuhan, M. & Fiore, Q.(1967). *The Medium is the Massage*, Ginko Press.

Ong, W.(1982). Orality and Literacy. 이기우·임명진(2014). 『구술문화와 문자문화』. 문예출판사.

04
칼 세이건의 인간 지능론과 AI

세이건은 인간의 뇌가 신체 외부에 저장되는 지식으로 발명한 문자와 우주적 커뮤니케이션을 가능하게 만든 대형 전파망원경에 의미를 부여했다. 인간이 뇌가 감당할 수 없는 지점에서 문자를 개발한 게 지성사에서 갖는 의미를 높이 평가한 것이다. 인간의 지능론 차원에서 지성사의 발전이 AI에 주는 의미가 무엇인지 살펴본다.

AI와 사주?

천문학자 칼 세이건(Carl Sagan)은 융합형 지식인 제이콥 브로노프스키(Jacop Bronowski)의 독특한 역사 기록인 『인간 등정의 발자취(The Ascent of Man)』에 대해 "인류와 인간의 뇌가 어떻게 손을 맞잡고 함께 성장해 왔는지에 대한 기록"이라고 평가했다(Sagan, 1977/2006, 11쪽). 그리고 브로노프스키가 동물들 중에서 유난히 긴 인간의 유년기를 언급한 것을 소개했다.

> "우리는 미래를 위한 준비로서 충분한 지식을 쌓으려고 결정하는 과정을 연기해야만 한다. 그렇게 말하면 유별난 것 같다. 그러나 그것이 우리가 어린 시절에, 사춘기에, 또 젊은 시절에 하는 일이다. …인간에게는 두뇌가 행동을 위한 도구이기 전에 준비의 도구가 되어야 한다. …인간의 유년 시절에 오랜 기간 준비하는 데 달려 있는 것이다"(Bronowski, 1973/1985, 350~351쪽).

인간의 유년기가 기나긴 까닭

인간의 유년기는 대체로 18세, 늦으면 20세 정도까지가 해당한다. 사람에 따라 20대 중반까지 연장되는 경우도 있다. 다른 동물들에 비해 많이 긴 편이다. 인간의 지성을 담당하는 전두엽의 대뇌피질은 만 세 살이 될 때까지 매우 빠른 속도로 성장한다. 이 시기는 일생 중 학습 속도가 가장 빠르며, 만 여섯 살이 되면 뇌의 무게가 성인의 90%에 이른다(Sagan, 1977/2006, 48쪽). 우리 속담에 세 살 버릇 여든까지 간다는 말이 과학적으로 증명되는 셈이다. 일곱 살에 초등학교에 입학하는 것도 같은 이치다. 그리고 대체로 고등학교를 졸업할 즈음까지 해서 한 사람의 사회성까지 완성된다. 따라서 시기마다 연령대에 맞는 교육 프로그램으로 배우고 경험할 준비를 해야 한다. 어린아이들은 아무 의미도 없을 것 같은 놀이에도 열중한다. 놀이도 학습에서 필수 프로그램이다.

위너도 긴 유년기의 생물학적 특징을 얘기했다. "이렇게 해부학적으로 미성숙한 구조는 인간의 청소년기가 오래 지속된다는 사실과도 일치한다. 인간은 생리학적으로 일반적인 생애 주기에서 5단계를 마치고 나서야 비로소 사춘기에 도달한다. …인간은 일생의 40%에 해당하는 기간을 학습에 소요하는 셈인데, 이 또한 인간의 신체 구조에서 찾을 수 있다"(Wiener, 1950/2011, 71쪽).

오래 지속되는 유년기가 해부학적으로 미성숙한 구조에서 비롯했다든지 인간의 신체 구조에서 찾을 수 있다고 했을 때, 이것은 인간의 뇌를 지칭하는 것이다. 뇌 과학자의 말이다. "뇌는 인체의 모든 기관 중에서 태어날

때 가장 덜 완성된 구조물이다. 크기도 성인의 40%에 불과하다. 하지만 크기만 변하는 것이 아니다. 발달 과정에서 뇌 내부의 배선이 모두 바뀐다. 뇌의 성장은 상당히 긴 시간이 필요한 과정이다"(Jensen&Nutt, 2015/2018, 48쪽). 그뿐 아니라 10대의 뇌는 80% 정도밖에 성숙되지 않은 상태로, 나머지 20%가 미성숙 상태이기 때문에 감정의 기복이 심하며 충동적이고 약물이나 알코올의 유혹에 쉽게 빠지는 경향이 있다(Jensen&Nutt, 2015/2018, 61쪽). 이런 경향은 10대를 훌쩍 넘겨 20대까지 연장되기도 한다.

인간의 유년기는 왜 이렇게 길어야 할까? 유년기보다 훨씬 더 긴 삶을 살아가는 데 필요한 지식과 정보를 오랫동안 충분히 습득해야 하기 때문이다. 그만큼 경험하고 배울 게 많다는 얘기다. 학습하려면 선행 학습자들이 남긴 기록이 필요하다. 세이건은 퓰리처상을 받은 자신의 저서 『에덴의 용: 인간 지성의 기원을 찾아서(The Dragons of Eden: Speculations on the Evolution of Human Intelligence)』에서 이렇게 말한다.

"대부분의 지구 생물들은 살면서 획득한 비유전적 정보보다 신경계에 내장된 유전 정보에 훨씬 더 많이 의존한다. 그런

데 인간, 그리고 사실상 모든 포유류는 그와 반대다. 비록 우리 행동의 상당 부분이 아직도 유전자의 조절을 받지만, 우리는 비교적 짧은 기간에 새로운 행동적 · 문화적 길을 개척할 수 있는 풍부한 기회를 갖게 되었다. 바로 우리의 뇌 덕분이다. …그뿐 아니라 우리는 인류 역사의 수천분의 1에 지나지 않는 최근에 이르러서 비유전적일 뿐 아니라 신체 외부에 저장되는 지식을 발명했다. 문자가 그것의 가장 대표적 예다"(Sagan, 1977/2006, 11～12쪽).

AI는 뇌의 확장, 디지털 '외뇌'의 출현

대부분의 생물이 유전자 정보에 많이 의존하는 반면에 인간은 후천적으로 획득한 사dhl회적 · 문화적 정보에도 그에 못지않게 많이 의존한다. 이른바 유전자와 문화의 공진화다. 실제로 진화생물학자들은 인간의 본성이 유전자와 문화의 상호작용으로 형성된다는 점을 확인해 준다. 어떤 종보다도 긴 유년기를 보내는 동안 경험과 교육 등으로 획득한 지식이 뇌에 축적되어 유전자와 상호작용을 한다. 그만큼 뇌가 저장해 놓아야 하는 정보가 무수히 많은 가운데 기억에는 한계가 있다. 그래서 인류는 신체 외부에 지식을 저장해 놓고 언제든 찾아볼 수 있는 문자를 발명했고, 그 문자로 책을 출판해 두고두고 읽는 것이다. 그것이 신문과 방송의 시대를 지나 인터넷과 AI의 시대까지 왔다. 그러니 AI는 인간의 뇌가 확장된 것이다. 맹성현 교수는 초기 인지혁명에서 '뇌의 확장'에 해당하는 '외뇌(外腦)의 출현이 시작되었고, 디지털 '외뇌'의 출현은 급증하는 지식 정보를 처리하려면 생길 수밖에 없는 필연적 결과라고 했다(맹성현, 2024, 156쪽). 뇌가 진화하고 확대되면서 일어난 7만 년 전 인지혁명과 달리 문자처럼 신체 밖에 뇌를 만들어 놓고 지식을 저장하게 된 것이다.

뉴런과 시냅스와 신경전달물질로 이루어진 뇌의 네트워크 구조는 물론 DNA의 작품이다. 신피질과 시냅스는 외부에서 들어온 정보를 저장하는 기능을 한다. 인간은 과거부터 저장된 뇌의 정보를 바탕으로 생각하고 판단하고 예측한다. 밖의 상황은 늘 바뀌기에 새로운 정보가 입수되는 대로 시냅스에 저장한다. 따라서 시냅스의 수는 계속 늘어나고 전체 네트워크도 적응하여 변화한다. 그래야 상황 변화에 뒤떨어지지 않게 대응할 수 있다. 새로운 정보 획득에 게으르면 시대에 뒤떨어진 보수나 수구적 인간이 된다. 뇌는 이렇게 가소성이 높은데, 이는 진화의 원리이기도 하다.

뇌는 시냅스와 연결되어 있는 1,000억 개의 신경세포

(뉴런)와 100조 개가량의 시냅스로 이루어져 있다. 지능과 감성, 기억 등은 대체로 시냅스의 역할이다. 시냅스는 평생에 걸쳐 형성된다. 따라서 평생에 걸쳐 학습함으로써 시대에 뒤떨어지지 않는 방향으로 자아를 형성할 필요가 있다. AI는 이러한 뉴런과 시냅스가 연결된 뇌의 네트워크 구조를 닮은 형태로 제조된 기계로서 인간의 뇌가 확장된 것이다. 물론 인간의 능력을 능가하여 당장 빠른 답을 찾을 수 있도록 설계된 뇌의 확장이다.

뇌는 감각기관들이 포착해 전달한 정보를 바탕으로 판단력을 확보하고, 각 신체 부위에 행동 지침을 전달한다. 그러자면 부단히 새로운 정보를 학습함으로써 오래되었거나 잘못된 정보를 새 정보로 교체하려고 노력해야 한다. 우리 뇌에서는 새로운 정보가 입력될 때마다 새로운 시냅스 연결이 형성된다. 그럼으로써 올바른 판단을 해서 시대에 뒤떨어지지 않는 가운데 사회생활을 영위할 수 있다.

위너도 이 점을 간파하고 있었다. "자연의 다른 유기체에 비해 인간이 지닌 우월한 점은 환경의 급격한 변화에 스스로를 적응시킬 수 있는 신체적 장치와 지석인 장치를 갖추고 있다는 점이다. 인간은 그 생리학적 구조 덕분에 타고날 수 있었던 적응 기관과 학습 기관을 이용할 때만 비로소 강해질 수 있다. 효율적으로 행동하려면 목표에 도달했는지 혹은 실패했는지를 일러 주는 일종의 피드백 과정을 거쳐 정보를 얻어야 한다"(Wiener, 1950/2011, 72쪽).

참고문헌

맹성현(2024). 『AGI 시대와 인간의 미래』. 헤이북스.

Bronowski, J.(1973). *The Ascent of Man*. 김은국 옮김. 『인간 등정의 발자취』. 범양사 출판부.

Jensen & Nutt(2015). *The Teenage Brain*. 김성훈 옮김(2018). 『10대의 뇌』. 웅진지식하우스.

Sagan, C.(1977). *The Dragons of Eden: Speculations on The Evolution of Human Intelligence*. 임지원 옮김(2006). 『에덴의 용: 인간 지성의 기원을 찾아서』. 사이언스북스.

Wiener, N.(1950). *The Human Use of Human Beings*. 이희은·김재영 옮김(2011). 『인간의 인간적 활용: 사이버네틱스와 사회』. 텍스트.

05
사이버네틱스와 AI

사이버네틱스(Cybernetics)는 노버트 위너(Norbert Wiener)가 생명체와 기계에 공히 적용되는 커뮤니케이션과 제어를 대상으로 하는 연구 분야를 지칭하는 용어로 생각해 낸 이름이다. 인공두뇌학이라는 이름에 걸맞게 AI의 진일보와 함께 새롭게 관심을 받는 이론이다. 사이버네틱스와 AI의 관계를 살펴본다.

AI와 아이돌?

1946년부터 1953년 사이에 조사이아 메이시 주니어 재단의 후원으로 수학자, 논리학자, 공학자, 생리학자, 신경생리학자, 심리학자, 인류학자, 경제학자가 모여 인간 마음의 작동 원리에 대한 과학을 구축하고자 했다. 이때는 인공지능에 대한 관심이 싹트기 시작한 시점이기도 하다. 훗날 메이시 회의로 알려진 이 모임의 코드명이 '사이버네틱스'였다. 메이시 회의의 목표는 "마음에 대한 과학적이고 유물론적인 이론을 개발해 심신이원론의 오랜 철학적 난제를 해결하고, 물리의 세계와 의미의 세계를 화해시키는 것이었다"(Hayles, 1999/2013, 21쪽).

노버트 위너(Norbert Wiener)는 사이버네틱스라는 저서를 내놓기 10여 년 전부터 멕시코의 국립심장학연구소에 재직하던 아르투로 로센블루스(Arturo Rosenbluth) 박사와 함께 연구를 했다(Wiener, 1948/2023, 49쪽). 이들은 기계 안에서든 생체 조직 안에서든 커뮤니케이션 주변의 문제와 통계역학이 기본적으로 통일되어 있음을 확인한 후 기계와 동물 모두를 대상으로 포괄하는 제어와 커뮤니케이션 이론의 전체 분야에 대해 조타수란 뜻의 그리스어(χυβερνητηζ)로 만든 사이버네틱스(Cybernetics)라는 이름을 붙였다. 그리고 속도조절기(governor)라는 단어가 퀴베르네테스의 라틴어 음차에서 비롯했음을 강조하기도 했다(Wiener, 1948/2023, 61쪽). 이 사이버네틱스가 인지과학과 AI의 원조라고 할 수 있다.

사이버네틱스는 과학적 유물론 지향

위너는 "17세기와 18세기 초반이 시계의 시대이고, 18세기 후반과 19세기가 증기기관의 시대라고 한다면, 현대는 커뮤니케이션과 제어의 시대"라고 했다(Wiener, 1948/2023, 93쪽). 여기서 커뮤니케이션이란 신호(메시지)의 정확한 전달과 복원을 목표로 하는 커뮤니케이션 공학을 말한다. 해저 케이블이라든지 레이더, 컴퓨터, 자동기계 등과 같은 커뮤니케이션 테크놀로지(미디어)와 그에 대한 제어(control)를 주요 연구 대상으로 한다. 그래서 현대는 커뮤니케이션 미디어와 제어의 시대라는 것이다. 생성형 인공지능의 등장과 더불어 위너의 사이버네틱스가 주목을 받는 것은 필연적인 귀결일 것이다.

위너의 사이버네틱스라는 '새로운 과학'은 결정론의 뉴턴 물리학을 대신해 통계역학과 확률, 우발성, 엔트로피, 카오스, 복잡계 등을 다루는 물리학과 신경과학, 생명과학을 기반으로 한다. 오늘날 챗GPT가 바로 그런 것이다. GPT는 인간의 뇌를 모사한 인공신경망에 심층 학습으로 데이터를 입력하고, 알고리즘과 언어 모델에 따라 프롬프트에 입력된 질문에 통계에 의존해서 언어를 생성해 낸다. 또한 열린계로서 복잡계의 자기조직화 원리에 따라 트랜스포머가 작동한다. 때로는 환각이라고 하는 엉뚱한 답을 제시하는 우발성을 드러내기도 한다. 자기조직화가 작동하는 것이다. 노벨물리학상이 컴퓨터과학 전문가에게 수여된 배경이기도 하다.

사이버네틱스는 자동제어계, 로봇공학, 수학, 생물학, 경영학, 경제학, 사회학, 교육학, 심리학 등 매우 많은 분야에서 응용되는 복합 학문이다. 수학과 자연과학, 공학은 물론이고 사회과학에서도 응용된다는 얘기다. 그러나 언론학 분야에서는 아주 간단하게 언급될 뿐 그다지 중요하게 인식하는 것 같지 않다.

위너는 2년 후 좀 더 대중적으로 쉽게 읽을 수 있는 책으로 『인간의 인간적 활용(The Human Use of Human Beings)』을 내놓았다. 위너는 "한 사회를 이해하려면 그 사회에 속한 메시지와 커뮤니케이션 설비를 연구해야 한다"라면서 "앞으로 이러한 메시지와 커뮤니케이션 설비가 발달함에 따라 인간과 기계 사이, 기계와 인간 사이, 기계와 기계 사이의 메시지가 점점 더 중요한 역할을 하게 될 것이 분명하다는 사실이다"라고 예견했다

(Wiener, 1950/2011, 22쪽).

커뮤니케이션 설비는 미디어를 지칭하는 것이니 미디어 커뮤니케이션학은 사이버네틱스과 밀접한 관계에 있는 것이 된다. 위너는 사이버네틱스를 정의하면서 커뮤니케이션과 효율적인 제어(control)를 연계했다. 물론 공학의 차원이지만 사회과학으로서 미디어 커뮤니케이션학이 건너뛰어도 되는 분야가 아니라는 데는 이견이 있을 수 없다. 그러면서 "기계와 관련해서는 엔트로피가 증가하는 구조 내에서 엔트로피를 감소시킬 수 있는 자력이 있다는 점을 들어 기계가 인간과 닮지 않을 이유가 없다고만 말하면 된다"라고도 했다(Wiener, 1950/2011, 41쪽).

엔트로피는 열역학 제2법칙으로, 자연 상태에서 열은 높은 온도에서 낮은 온도로 흐른다는 사실과 닫힌계(closed system)에서는 무질서의 정도가 높아진다는 사실을 지칭한다. 사람과 같은 생명체는 열린계(open system)이므로 엔트로피를 감소시킬 자력이 있다. 사람이 사는 사회 환경은 어떨까? 집이나 아파트 단지, 상가가 밀집해 있는 골목 등에서는 끊임없이 쓰레기가 발생한다. 가정에서는 분리배출을 하거나 쓰레기통에 갖다 버림으로써 열린계의 모습을 갖춘다. 가정집이 닫힌계여서 쓰레기가 처리되지 않고 쌓인다면 사람이 살 수 없는 환경이 될 것이다. 독재정권이 언론을 통제하는 나라는 닫힌계로 언젠가는 민심이 폭발하게 되어 있다. 그런 사회는 건강하게 유지될 수 없다. 이것이 엔트로피의 법칙이다.

위너는 엔트로피의 법칙이 기계에도 적용된다고 했다. "이때 기계는 살아 있는 유기체의 기계와 유사한 방법을 사용해서 정보를 저장한다. …그러나 머지않은 미래에 기술이 발전해서 이러한 가능성 중 일부를 현실화할 것이라는 점은 기대할 만하다"(Wiener, 1950/2011, 42쪽)라는 것이다. 신경계와 오토마타(자동기계)는 과거의 결정을 바탕으로 새로운 결정을 내리는 장치라는 점에서 근본적으로 닮았다(Wiener, 1950/2011, 43쪽). 기계도 엔트로피가 올라가지 않고 정상적으로 작동된다는 얘기다. 사람의 뇌가 과거의 경험과 학습을 바탕으로 한 기억으로 현실을 판단하듯이 AI도 마찬가지다. 다만 AI는 미래를 예측하지는 못한다. 이렇게 사이버네틱스는 컴퓨터와 인터넷을 경유해 생성형 GPT까지 오게 된 것이다.

AI는 생명체로 진화할 수 없는 기계일 뿐

"이론적으로 말해서, 만일 인간 생리학을 그대로 복제한 기계 장치를 만들 수 있다면, 인류의 지적 능력까지도 그대로 복제할 수 있는 기계를 만들 수 있다"(Wiener, 1950/2011, 70~71쪽)는 위너의 판단도 정확하다. 바로 오늘날 챗GPT-4의 모습이다. 챗GPT는 딥러닝(Deep Learning)이라는 선행학습(Pre-learning)으로 축적한 데이터를 바탕으로 언어를 생성해(Generative) 채팅하는 기계(Transformer)로서, 방대한 양의 지식과 데이터를 기억한다는 면에서 인간의 능력을 추월한다. 무릇 미디어 테크놀로지는 인간의 능력을 능가하는 것이라야 효용 가치가 있는 법이다. 손으로 땅을 파고 농사를 짓는 것보다 호미와 쟁기로 하는 게 훨씬 능률적이다. 그렇지 않다면 만들어 쓸 이유가 없을 것이다.

뒤피의 책을 번역한 배문정은 '옮긴이 서문'에서 "사이버네틱스는 세상의 모든 살아 있는 것들에 기계의 지위를 부여하고, 그 기계를 인간 정신의 통제 아래 두는 것을 목표로 했다. …사이버네틱스의 관심 범위에는 세상의 모든 살아 있는 체계, 즉 생명체, 인간, 마음, 사회, 지구 시스템 전부가 포함되어 있다. …사이버네틱스는 단지 인지과학의 기원이 아니라, 오늘날의 생체공학, 지구시스템과학, 그리고 복잡계 과학의 기원이다"라고 했다(Dupuy, 2009/2023, ix). 그리고 "뒤피의 사이버네틱스와 인지과학 비판은 여느 철학자들의 어설프고 직관적인 비난과 전유를 말장난으로 만든다. 포스트모더니즘 계열의 학자들이 과학적 단련과 애정 없이 문학적 상상력과 형이상학으로 사이버네틱스와 인지과학을 소비하는 것과는 수준과 결이 다르기 때문이다"(Dupuy, 2009/2023, xiv)라고 하여 포스트모더니즘 계열 학자들의 무분별한 비과학적 상상을 비판하기도 했다.

참고문헌

Dupuy, J.(2009). *On the Origins of cognitive science: the mechanization of the mind.* 배문정 옮김·해설(2023). 『마음은 어떻게 기계가 되었나: 인지과학의 기원 또는 사이버네틱스』. 지식공작소.

Hayles, K.(1999). *How We Became Posthuman.* 허진 옮김(2013). 『우리는 어떻게 포스트휴먼이 되었는가』. 열린책들.

Wiener, N.(1948). *CYBERNETICS: Or Control And Communication In The Animal And The Machine.* 김재영 옮김(2023). 『사이버네틱스: 동물과 기계의 제어와 커뮤니케이션』. 읻다.

Wiener, N.(1950). *The Human Use of Human Beings.* 이희은·김재영 옮김(2011). 『인간의 인간적 활용: 사이버네틱스와 사회』. 텍스트.

06
과도한 상상과 억측들

AI, 특히 AGI(범용인공지능)와 관련하여
생명체의 진화 과정에서 나타나는 돌연변이의
가능성을 기정사실로 단정하고, 물리학의
특이점을 대입하는 등 과학적 근거가 없는
과도한 상상과 무리한 억측을 살펴본다.
과학적 · 합리적 우려와 함께 대책을 제시하는
수준이 아니라 AI가 인간을 지배하게 된다든지
멸종시킨다든지 하는 영화적 상상은 곤란하다.

AI와 야구?

위너는 사이버네틱스가 인류 사회에 긍정적으로 작용할지에는 다소 회의적이었다. "이 방면의 진보가 현대 사회의 병증에 상응하는 치료 효과를 불러오리라는 그들의 기대에도 동의하지 않는다"라는 것이다(Wiener, 1948/2023, 75쪽). 자신이 제안한 인공두뇌를 제어할 수 있을지에 대한 초기의 우려를 반영하는 언급이다.

그러나 생성형 GPT가 등장하고 범용일반지능(AGI)의 등장을 앞둔 시점에서 비현실적이고 비과학적인 상상을 하는 경우도 있다. 백욱인은 "가설로서의 학습 모형과 증거로서의 데이터를 결합하는 기술은 컴퓨터 계산 능력의 고도화를 통한 반복 실행 속에서 차이를 만들어 내는 진화론적 돌연변이나 신경망적 연결과 결합해, 마스터 알고리즘 혹은 인공일반지능이라는 마지막 발명품으로 이어진다"라면서 "이 상황에서는 기계가 인간의 통제에서 벗어나 기계가 인간을 제어하는 특이점이란 게 올 수 있다"라고 우려한다(백욱인, 2023, 37~38쪽).

이러한 상상은 과학적 유물론에 대한 인식의 결여와 생성형 AI에 대한 이해의 부족에 기인한 것이다. 맹성현은 "AI의 결정을 이해하고 판단할 수 있다면 오용과 남용을 막을 수 있고, 새로운 활용법을 찾을 수 있으며, 폐해에 대해서도 사전에 대처할 수 있다"라고 말한다(맹성현, 2024, 83쪽). 그리고 인간의 언어 처리 및 지식정보 처리 능력을 챗GPT와 비교해 보면 AI에 대한 이해도가 높아진다. 인간의 인지능력을 이해하는 깊이에 따라 AI에 대한 지식도 깊어짐으로써 이런 과도한 억측을 피해 갈 수 있는 것이다(맹성현, 2024, 174쪽). AI에 대한 과도한 우려는 AI의 작동 원리에 대한 이해가 부족한 데 기인한 것이다.

AI에 대한 과도한 우려는 이해 부족에 기인

길 안내를 하는 내비게이션은 GPS(Global Position System) 신호와 실시간 교통 정보 그리고 머신러닝의 도로 상황 예측에 따라 정체된 길을 피해 최적의 경로로 안내하는 운전자의 필수품이 되었을 뿐 아니라 자율주행 자동차의 핵심 기술이다. 내비게이션이나 자율주행 자동차에 대해서는 진화론적 돌연변이에 따라 위험한 길로 안내하는 상황이 벌어질 걱정을 하지 않나?

통계학자 네이트 실버(Nate Silver)는 『신호와 소음(The signal and the noise)』에서 인간을 능가하는 기계를 두고 "지나치게 기술에 의존해서도 안 되며 그렇다고 기술에 공포를 느껴서도 안 된다"라고 했다(박상길, 2022, 94쪽). 무한한 상상력을 발휘할수록 미덕이 되는 공상과학(SF)영화와 현실을 섞어 놓으면 과학적 판단에 저해가 될 것이다. 더 나아가면, 인공지능을 장착한 로봇이 인류를 멸종시키는 걱정까지 한다.

광주과학기술원의 안창욱 인공지능연구소장은 "개발자들이나 기술을 좀 아는 분들은 절대 자율주행을 켜 놓고 딴짓을 안 해요. 그러다간 사고 날 수도 있거든요. 기술에 대한 무한 신뢰는 좀 위험해요"라고 했다. 그리고 안 소장은 AI를 만드는 것도 인간이고 기술적으로 통제가 가능하기 때문에 "AI가 인류를 지배하는 일은 없을 것"이라고 했다(≪경향신문≫ 2024년 6월 12일 자). AI 부머로 분류되는 얀 르쿤 미국 뉴욕대학교 교수는 인간을 뛰어넘는 AGI가 과장되었다면서 "인간 수준의 AI 등장 시기를 예측하는 것은 어렵고 위험도 과장됐다"라고 평가했다(≪한국경제≫ 2024년 5월 26일 자).

인간의 무차별적인 개발과 남획으로 인한 생태계 파괴에 대해 인류 멸종에 무게를 두고 우려하는 사람들이 있다. 세계자연기금이 2020년 9월 9일 발표한 『2020 글로벌 리빙 인덱스』 보고서에 따르면, 1970년부터 2016년까지 46년 동안 전 세계 동물 개체군의 68%가 사라졌다고 한다. 아프리카코끼리는 지난 100년 사이에 90%가 사라져 거의 멸종 단계에 왔다. 동식물의 대량 멸종으로 인한 생태계 파괴가 인류의 생존을 위협하고 있음은 물론이다. 동식물의 멸종 사태와 기후 재앙 그리고 인공지능 가운데 인류의 생존을 가장 위협하는 게 무엇일까?

인류는 공동체 생활을 시작한 이래 끊임없이 실생활에 도움이 되는 각종 도구를 개발해 왔다. 석기시대, 청동기시대, 철기시대라는 명칭은 주먹도끼와 토기 등에서 청동기와 철에 이르기까지 도구를 만드는 재료를 일컫는 것이었다. 그 도구들은 맨몸으로 감당하기 어려운 일을 수월하게 해 주는 기능을 했다. 수렵과 채취, 나아가 농사와 전투에서 유용하게 사용하던 필수 도구들이었다. 과학이 발달한 근대 이후 역사에서도 새로운 테크놀로지의 등장은 그때마다 사회에 큰 충격을 주었다. 19세기 산업혁명 시기에는 기계를 파괴해 일자리를 지키려는 러다이트 운동이 일어나기도 했다. 1970년대 퍼스널 컴퓨터가 나오고 1990년대 인터넷이 등장해 정보화시대에 진입했을 때는 디지털 격차를 우려하는 비판적 담론이 형성되기도 했다. 같은 맥락에서 AI가 인류 사회에 미칠 부정적 영향에 대한 우려와 대책 마련의 필요성을 강조하는 것은 당연한 일이다. 그러나 그 우려가 과학적 진단을 벗어나 지나친 억측으로 기운다면 인간 사회에 도움이 되지 못한다.

AI에 대한 합리적 우려는 오남용과 악용에 대한 것

위너는 기계와 신경계는 과거의 정보에 의거하여 미래의 결정을 내리는 특별한 기관이 있고, 신경계에서는 이러한 일들이 대부분 '시냅스'라 불리는 지극히 복잡한 지점에서 행해진다면서 시냅스는 기계의 스위치 장치에 해당한다고 했다(Wiener, 1950/2011, 43쪽). 인간의 뇌는 저장된 과거의 기억을 바탕으로 미래를 예측하지만, AI는 입력된 데이터를 바탕으로 알고리즘에 따라 기계적으로 언어를 생성하는 것이지 미래를 예측하지는 못한다.

인간은 사회적 동물로 사람들과 상호작용하고 교감을 나누면서 진화해 왔지만, 다른 사람들보다는 AI와 시간을 보내게 되면 외로움과 허무를 느끼게 되는 부작용을 염려할 수는 있다. 이로써 AI로 인한 정신 붕괴 현상이 야기될 수 있다는 것이다(이광형, 2024, 406쪽). AI에 대한 우려는 SF영화와 같은 상상이 아니라 잘못된 사용에 따른 연쇄 작용으로 인류가 스스로 파멸의 길로 갈 수도 있지 않으냐는 게 현실적이다. AI로 생성되는 편견이나 분간하기 어려운 가짜 정보의 전파, AI를 이용한 사이버 공격이나 무기화, 지능형 CCTV로 인한 사생활 침해 등을 경계해야 한다는 것이다(맹성현, 2024, 198~200쪽).

챗GPT는 심층신경망(Deep Neural Network)으로 인간 뇌의 신경망을 모사해 언어 모델을 구축한 것이다. DNN의 자연어 처리 과정은 인간의 언어 습득 및 활용 과정과 유사한 면이 많다. 문법과 무관하게 말과 글을 배움으로써 자연스럽게 말을 하고 글을 쓰게 되는 것처럼 생성형 AI의 뛰어난 능력의 비결도 여기에 있다(맹성현, 2024, 88쪽).

뉴런과 시냅스로 구성된 인간의 뇌를 모사한 AI는 외부로부터 입력된 데이터를 기억하고 있다가 필요할 때 기억을 되살려 언어 모델을 구축한 트랜스포머가 아웃풋을 생성하는 것이다. AI에서 인간의 뉴런과 시냅스의 네트워크 기능을 하는 것으로 매개변수라는 것이 있다. 매개변수의 규모가 AI의 효능을 결정하는데, 챗GPT가 1,750개, GPT-4가 1조7000개로 추정된다. 1천억 개의 뉴런과 100조 개의 시냅스를 가진 인간의 뇌와는 비교도 되지 않는다. AI가 창발성을 발휘하기도 하지만, 그 기능을 이해하면 인간에게 위해를 가할 수 있다는 우려는 기우에 불과하다는 사실을 알게 될 것이다.

2024년 노벨물리학상 수상자인 제프리 힌턴 교수는 AI를 우려하는 시선에 대해 AI 시스템에 편향성이 생기면 이를 판별하기는 쉽다면서 “사람 안의 편향성이나 편견을 바로잡는 것보다 AI 시스템의 편향성을 고치는 게 용이한 만큼 꾸준히 개선해 나갈 수 있을 것”이라고 낙관했다(≪서울경제≫ 2024년 10월 10일 자).

참고문헌

맹성현(2024). 『AGI 시대와 인간의 미래』. 헤이북스.
박상길(2022). 『비전공자도 이해할 수 있는 AI 지식』. 반니.
백욱인(2023). 『인공지능 시대 인간의 조건』. 휴머니스트 출판그룹.
이광형(2024). 『미래의 기원』. 인플루엔셜.

07
AI 관련 영화들

〈터미네이터〉, 〈아이언맨〉, 〈아이 로봇〉, 〈그녀(Her)〉, 〈엑스 마키나〉 등 인공지능이 등장하는 영화가 꽤 많은 편이다. 영화는 자유로운 상상이 장점이지만 과학에서는 다르다. 과학에서도 상상력이 동원되지만, 결국에는 관찰과 실험에 의해 증명되어야 한다. 과학적으로 뒷받침되지 않는 상상은 금물이다. 과학적 유물론의 세계관을 강조한 이유이기도 하다.

AI와 윤동주?

인공지능 개발이 일천했던 시절인 1968년에 개봉된 영화 〈2001: 스페이스 오디세이〉에는 HAL-9000이란 이름의 인공지능이 등장한다. HAL-9000은 명령을 거부하며 우주선에 탄 사람들을 죽이려고 한다. 인공지능 영화의 효시라고 할 수 있는 영화에서부터 설정이 너무 자극적이었을까?

법학자 김건우(2016)는 "인간이 더 이상 신체를 갖지 않고 컴퓨터 저장 장치에 저장된 정보로서만 존재하는 경우와 같은 급진적인 변화"가 실현된 존재가 출현한다면, "그것은 포스트휴먼이라 할 만하다"라고 한다. 영화 〈터미네이터〉의 '스카이넷'을 연상시킨다. 스카이넷은 영화에서 터미네이터를 통해 핵전쟁으로 인류를 멸망시키려고 의도하는 인공지능 슈퍼컴퓨터를 일컫는다. 나아가 인공지능이나 로봇도 "인지, 사고(추론 및 판단), 행위 능력을 갖추었다고 간주될 수 있기 때문"에 포스트휴먼의 범주에 포함시켰다고 한다. 하지만 이는 사실과 다른 상상과 가정법으로 예단하는 억측이다.

공상과학영화 〈터미네이터〉와 〈그녀〉, 〈엑스 마키나〉, 〈아이 로봇〉

그뿐 아니라 인간을 능가하는 자율적인 존재가 될 가능성이 열려 있다고도 한다. 그러면서 영화 〈그녀(Her)〉에서 아내와 별거 중인 주인공이 인공지능에 사랑의 감정을 느끼게 된다는 인공지능 운영체계 사만다나 〈엑스 마키나〉에 등장하는 매혹적인 인공지능 로봇 에이바를 예로 든다(김건우, 2016, 33쪽). 〈그녀〉의 사만다는 주인공뿐 아니라 많은 사람을 상대로 같은 역할을 했다. 〈엑스 마키나〉에서 인공지능 에이바는 튜링 테스트를 위해 선발된 프로그래머 케일럽과 1주일을 폐쇄된 공간에서 함께 지내게 된다. 에이바는 케일럽을 유혹해 탈출을 모의한다. 그러나 에이바는 케일럽을 감금하고 자신을 만든 회사 CEO를 살해하고 탈출한다. 가정법과 비과학적 예단, 상상의 연속이다. 물론 SF영화의 상상이 현실이 된 경우도 적지는 않다. 그러나 학술 연구에서는 명제와 관련한 논지가 일관성이 있어야 하고, 그 논지는 과학적 방법과 증거로 뒷받침되어야 한다. 김건우는 인간의 지능을 완전히 능가하는 초지능과 그런 존재의 출현 시점에 해당하는 특이점에 대해서도 공감한다(김건우, 2016, 30쪽). 이 문제는 8장에서 다시 다루기로 한다.

학계 외부에서는 더 나아가 인공지능의 진화 및 포스트휴먼에 대한 상상이 부담 없이 이루어지는 것 같다. ≪경향신문≫ 2023년 8월 18일 자 칼럼 〈인간이 만드는 AI · 로봇, 인간을 닮아가는 걸 두려워해야 하는 아이러니〉가 그런 경우에 해당한다. 여기서는 동명의 소설을 영화로 만든 〈아이 로봇〉(2004년 개봉)이 중심이다. "자의식을 갖게 된 인공지능이 인간에 맞서 반란을 일으키고, 그에 저항하는 인간이 고군분투 끝에 마침내 승리를 쟁취하는 서사"의 영화다. 칼럼의 필자는 '인공지능이 의식을 가질 수 있는가'라는 문제에 대해 인공지능은 "본질상 기계적 연산 작용에 불과하기에 불가능하다"라고 생각하지만, 인간의 의식이란 것도 밝혀지지 않았기 때문에 쉽게 부정할 수는 없다고 추측한다. 영화 〈아이 로봇〉이 주는 의미를 성찰하면서도 인공지능이 자의식을 가질 수도 있다는 설정을 단순히 영화적 상상이라고 무시할 수만은 없다는 것이다(박승일, 2023).

'스카이넷과 같은 존재가 출현한다면', '인지와 사고 및 행위 능력을 갖추었다고 간주될 수 있기 때문에', '인간의 의식이란 것도 밝혀지지 않았기 때문에 인공지능도 의식을 가질 수 있다'는 등의 비과학적 상상을 경계하기 위해서라도 과학적 유물론의 세계관은 필수적이라고 할 수 있다. 이것이 머리말에서 과학적 유물론을 상세하게 서술한 까닭이다. 이 문제는 9장에서 다시 다루기로 한다.

또 하나의 사례를 보자. 이정호 등은 시력을 보강하려고 쓰는 안경이나 콘택트렌즈, 자동차 등은 몸의 기능을 확장했다는 점에서 어느 정도 사이보그라면서 정보사회와 사이버 문화 속에서 사람이 사이보그로 변신하는 것에 대한 낙관론과 비관론을 소개했다. 비관론에 관한 내용을 보자.

"비관론은 사이버 공간에서의 사이보그 체험이 현실에서 사람의 몸과 뇌를 망가뜨릴 가능성이 크다고 경고한다. 비관론자들이 이 점을 보여주기 위해 자주 드는 예는 공상과학영화 〈론머 맨(Lawnmower man)〉이다. 이 영화는 주인공이 헬멧을 쓰고 네트워크를 달리는 동안 몸이 회전구 안에서 이탈리아 화가 레오나르도 다빈치의 그림 〈비트루비안 맨(Vitruvian man)〉처럼 팔다리를 활짝 펴고 있는 장면이 인상적이다. 하지만 남자 주인공과 여자 친구가 이런 상태로 사이버 섹스를 즐기는 동안 여자 친구는 미쳐 버린다. 이처럼 사이버 공간은 현실 공간의 몸과 뇌가 뒷받침하지 못하는 마음을 만들어 낼 수도 있다"(이정호 외, 2013, 88쪽).

변형된 사이버네틱스나 포스트휴먼, 사이보그의 논의에서 지나친 상상력을 뒷받침하는 논거는 대개 이처럼 영화의 내용이다. 상상력은 무한으로 필요하고 존중하지만, 과학적으로 검증되지 않은 주장은 신중해야 한다. 기계가 기계를 매개로 인간을 제어하는 상황이 벌어질 수 있다든지, 인공지능이 인간의 지능을 완전히 능가하는 특이점이 온다든지 하는 상상을 할 수는 있다. 만약의 경우도 대비해야 하기 때문이다. 그러나 학자가 그러한 예측을 할 때는 막연한 추측이나 가정법이 아니라 과학적 근거를 제시해야 한다. 다른 학자들의 견해를 논거로 앞세울 때도 그 견해가 과학적으로 공인되는 이론이나 법칙이라는 사실이 입증되었어야 한다는 전제가 필요하다.

뇌 연구의 발전에 기여한 컴퓨터과학

뇌 과학이 장족의 발전을 했지만 아직 모르는 게 훨씬 더 많다. 인공지능 특히 생성형 AI가 뇌의 뉴런 네트워크를 모방한 것은 맞지만, 뇌 연구는 컴퓨터가 개발된 후 뇌를 기계에 대비해 컴퓨터의 기능을 살펴 뇌를 이해하려는 발상으로 시작되었다. 그전에는 뇌를 전신망이나 전화교환국과 유사하다고 생각하기도 했다. 컴퓨터 시대 초

창기에 과학자들은 이 새로운 기계와 뇌 사이의 유사성에 깊은 감명을 받았고, 이에 영감을 얻어 이 기계를 다양한 방식으로 활용하기 시작했다. 그중 일부는 생물학적 요소를 무시한 채 그저 컴퓨터를 가능한 한 똑똑하게 만드는 데만 집중했고, 그것이 우리가 현재 인공지능(Artificial Intelligence)이라는 이름으로 알고 있는 분야로 성장했다는 것이다(Cobb, 2020/2021, 357쪽).

실제로 컴퓨터과학과 AI의 모델링 및 평가 방법 등은 인지과학의 발전에 영향을 주었고, 반대로 인지과학은 AI의 발전에 많이 기여하면서 상호 보완적으로 성장해왔다고 한다. 뇌에 대한 이해는 AI의 설계에 반영되었고, 컴퓨터나 AI 시스템의 구조, 작동 방식, 성능 평가 등은 인간 뇌의 작동 방식에 대한 가설을 세우고 모델링하는 데 사용되었다. 이와 같은 상호 연관성으로 AI 설계 과정에서 뇌신경과학의 발전이 매우 중요한 역할을 한다는 것이다(맹성현, 2024, 257쪽). 이러한 과정을 거쳐 인간의 뇌를 CT나 MRI, fMRI 등으로 세밀하게 관찰하기도 하면서 괄목할 만한 발전을 해 온 것이 생성형 GPT의 출현에 기여해 왔다.

관념론과 유물론은 대립적이면서 상보적이다. 관념론은 실재론처럼 감각에 의존하는 현상의 너머에 있는 본질을 규명하게 해 준다. 칸트가 '물 자체'를 알 수 없다 했고, 콩트는 별의 성분은 실증할 수 없기 때문에 과학의 대상이 아니라고 했다. 물 자체는 과학이 하나씩 밝혀내고 있으며, 별을 구성하고 있는 물질의 성분은 콩트 사후 오래 지나지 않아 분광법으로 빛의 스펙트럼을 분석함으로써 밝혀냈다. SF영화를 근거로 추론하는 것은 동굴 벽의 그림자만 보고 세상을 추측하는 것과 같다.

참고문헌

맹성현(2024). 『AGI 시대와 인간의 미래』. 헤이북스.

박승일(2023). 전문가의 세계 – 영화×기술. ≪경향신문≫ 2023년 8월 18일 자.

이정호 외(2013). 『철학의 이해』. 한국방송통신대학교 출판문화원.

경향신문(2023.8.20). 인공지능 무인전투기 떴다…사람 없는 공중전 시대 '성큼'.

Cobb, M.(2020). *The Idea of the Brain*. 이한나 옮김(2021). 『뇌 과학의 모든 역사』. 푸른숲.

08
포스트휴먼, 포스트모더니즘

인간 지능의 확장인 AI가 인간의 능력을 뛰어넘어 AGI로 발전하는 것은 필연적으로 보인다. 인간 지능의 한계를 보완해 줄 테크놀로지 내지는 미디어를 추구하는 것은 새삼스러운 일이 아니다. 중요한 것은 그것이 인간의 생존에 도움이 되는 방향이어야 한다는 점이다. 그럴 수 있도록 필요한 것은 위너가 강소한 세어이지 포스트휴먼과 같은 비현실적이고 과도한 상상은 아닐 것이다.

AI와 한의학?

AI는 크게 세 가지 형태로 분류된다. 알파고처럼 특정 분야에 국한된 좁은 AI(ANI, Artificial Narrow Intelligence), 거의 모든 영역에서 인간의 수준과 비슷하거나 능가하는 범용의 AGI, 그리고 미래 초지능의 ASI (Artificial Super Intelligence)가 그것이다. 미래학자인 레이 커즈와일(Ray Kurzweil)은 그의 책 『특이점이 온다(Singularity is near)』에서 ASI가 출현하는 시점을 특이점이라고 했다.

포스트휴먼은 특이점 이후에 나타나고, 트랜스휴먼은 AGI가 출현한 후 특이점으로 진행하는 과정에서 나타날 것으로 회자되는 상상이다. 이런 상상은 미래를 준비한다는 점에서 의미가 없는 것은 아니지만, 비현실적이다 (맹성현, 2024, 134쪽). 포스트휴먼이란 특이점 이후에 나타날 존재이니, 인간이 ASI에 지배를 당하거나 멸종된 이후의 종을 가정하는 설정이다. 사회과학자가 현재를 진단하고 미래를 예측할 때는 과학적 증거를 바탕으로 해야지 형이상학적 상상에 의존해서는 안 된다. 트랜스휴먼은 인간과 포스트휴먼 사이의 존재로서 유전자 편집에 따른 개조나 신체를 하드웨어로 대체한 사이보그나 슈퍼맨을 말한다.

백욱인은 질 들뢰즈(Gilles Deleuze)와 프랑수아 리오

타르(Jean-Francois Lyotard) 등 프랑스 포스트모더니즘 철학자들의 주장을 동원해 "사이버네틱스 기계가 자동화 메커니즘을 통해 환경 변화에 적응하면서 개별 인간의 직접적인 조종으로부터 독립하기 시작"했고, 인간과 기계 사이의 제어 관계가 사라지면서 사이버네틱스의 종말과 포스트휴먼의 시대가 도래할 것이라고 예견한다(백욱인, 2023, 47~48쪽). 기계가 인간을 지배하거나 대체하는 세상을 상상하는 것이다.

포스트휴먼은 바람직하지 않은 묵시론적 공포

초인공지능(ASI)의 등장과 더불어 출현한다는 포스트휴먼은 인공지능 칩이 인간의 뇌에 이식되고 몸이 기계로 대체된 모습으로, 생물학적으로 인간의 경계를 벗어난 것이다. 이미 인간이라고 하기 어려운 존재라는 얘기다. 트랜스휴먼도 그에 버금가는 가정을 의미한다. 이렇게까지 한다는 것은 수명을 극단적으로 늘린다는 기대를 반영하는 상상이다. 이러한 상상과 기대가 기술적으로 실현된다고 해도 그것은 경제력이 뒷받침되는 사람들에서나 나타날 수 있는 극히 일부 사례에 불과할 것이다. 인류의 멸종과는 거리가 멀다. 과학은 보편적 현상을 기술하는 것이지 특별한 경우를 일반화하는 것이 아니다.

더구나 이러한 상상은 위너의 우려를 과장했거나 인공 신경망을 기반으로 심층 학습과 언어 모델이 개발되기 전의 과도한 억측일 것이다.

캐서린 헤일스(Katherine Hayles)는 포스트휴먼에 대해 "인간의 시대가 많이 남지 않았다는 의미, 지능을 가진 기계가 인간을 대신하여 지구의 지배적인 생명 형태의 자리를 차지한다는 추측과 상상을 품고 있다"라고 비판했다(Hayles, 1999/2013, 497쪽). 상상 속의 존재라는 얘기다. 지능을 가진 기계의 신체화는 인간의 신체화와 상당히 달라서 묵시론적 공포는 바람직하지 않다는 견해를 피력한 것이다(Hayles, 1999/2013, 499쪽). 묵시론적 공포는 AI가 돌연변이를 일으키거나 특이점을 지나 인간의 능력을 초월하는 초지능 존재로서 인간을 지배하거나 멸종시킨다는 영화적 상상을 비판한 것이다.

ASI의 도래와 함께 특이점이 온다는 커즈와일의 상상은 2040년까지 인간의 정신과 의식을 클라우드 서버에 업로드함으로써 영생을 얻게 될 것이라는 예측이다(정우현, 2022, 95쪽). 이를테면, 죽음도 제어함으로써 원하는 만큼 살 수 있을 것이라는 주장이다(Kurzweil, 2005/2007, 26쪽). 언젠가 그것이 가능하다 하더라도 극소수 사람에게나 해당하지 전반적인 현상은 아닐 것이다. 다윈 이후 DNA의 발견과 분자생물학의 발전, 게놈 프로젝트의 완성 등 생물학이 비약적으로 발전했지만, 아직 생명 탄생의 비밀이나 의식의 구체적 작용은 미지의 세계로 남아 있다. 이 마당에 포스트휴먼이나 트랜스휴머니즘은 공상과학영화에서나 가능한 비과학적 상상일 뿐이다. 기계의 신체화는 기계로서 AI가 생명체로 바뀔 뿐 아니라 자아를 가지고 의식 활동을 하게 된다는 과도한 상상의 산물이다.

과학의 증거가 인류의 미래를 말해 주는 것은 대규모 멸종 사태가 발생할 때 최상위 포식자는 반드시 멸종한다는 역사적 사실이다. 현재 진행되고 있는 여섯 번째 대멸종에서 최상위 포식자는 인류다. 인류가 멸종하고 난 다음에 포스트휴먼이 어디에 있는가? 증명할 방법도 없다. 부정할 수 없는 대멸종을 저지할 수 있는 과학적 실천과 AI에 의한 인류 멸종을 상상하는 것 중에서 어느 것이 중요할까?

갈 세이건은 단순한 지식 이상으로 과학이 엄청나게 성공한 것은 오직 증거가 있을 때만 주장을 받아들이기 때문이라고 했다(Sagan, 2006/2016, 285쪽). 세이건의 말이 아니더라도 기본이 아닌가?

"들뢰즈가 말한 세 가지 형태 가운데 '앞으로 올 무언가', 인간을 뛰어넘는 존재가 현재의 사이버네틱스 기계인 인공지능이고, 이는 포스트휴먼을 예비하고 있다고 생각한다"라는 식이다(백욱인, 2023, 10쪽). 앞으로 올 무언가를 상상하는 것은 과학이 아니다.

1%의 영감과 99%의 노력

영화 〈터미네이터〉의 스카이넷이나 〈아이언맨〉의 자비스(JARVIS)가 이를테면 포스트휴먼에 해당하는 슈퍼인공지능(ASI)일 것이다. 이런 영화의 상상을 다가올 미래의 예언으로 간주하며 AI에 대한 불안을 증폭시키는 대신에 인간 뇌의 신경망과 AI의 인공신경망을 교차하며 이해하는 데 집중해야 할 때다. 인간 뇌의 신경망이 작동하는 시스템을 이해하고, 그것을 모사한 AI의 인공신경망이 작동하는 시스템을 이해하면 지나친 묵시론적 공포 대신에 현실적 대책을 세우게 될 것이다. 인간의 뇌와 인공신경망은 복잡계의 특징인 자기조절기능이 발휘된다는 사실도 고려하면 이해할 수 있을 것이다. 도무지 가늠할 수 없을 것 같은 카오스(chaos)에서 질서가 드러나고, 복잡계(complex system)에서 자기조절기능이 발휘되는 것이다.

AI에는 자아라든지 자의식 같은 게 없다. 인간을 능가하는 AI의 지능은 심층 학습으로 대용량의 데이터와 지식을 기억하고 있다가 언어 학습 알고리즘에 따라 트랜스포머에 의해 아웃풋을 생성한다는 점이다. 세이건이 뇌 밖에 지식을 저장해 놓으려고 문자를 개발한 이래로 그것을 AI가 수행한다는 것이지, 그렇다고 해서 AI가 인간을 대체한다는 것은 불가능할 것이다. AI는 개별적인 학습 방법을 사용하는 반면, 인간은 AI에는 없는 현실 체험에서 우러나오는 여러 가지 학습 방법을 복합적으로 이용할 줄 알기 때문이다(맹성현, 2024, 271쪽).

미국의 발명가 토머스 에디슨(Thomas Edison)은 "천재는 1%의 영감(inspiration)과 99%의 노력(perspiration)으로 이루어진다"라고 했다. 이 말의 의미는 노력한다고 누구나 다 천재가 되는 게 아니라 선천적 자질이 결정적으로 중요하다는 사실을 강조하는 것이었다. 에디슨 사후에 발전한 진화생물학과 뇌신경과학을 적용해 보면, 유전자가 설계한 선천적 자질이 없으면 아무리 노력해도 성과를 기대할 수 없다는 의미로서 타당성을 갖는다. 이는 AI에는 없는 것이다. 아무나 아인슈타인이 되는 것이 아니다. 아인슈타인이 특수상대성이론과 $E=mc^2$이라는 방정식을 발표했을 때 그것을 이해하고 인정하는 사람들이 거의 없었다고 한다.

노벨물리학상을 수상한 힌턴 교수도 수십 년에 걸친 각고의 노력이 결실을 본 것이지만, 컴퓨터과학과 물리학에 대한 천재적 자질이 뒷받침되지 않았다면 불가능했을 것이다. 인간 뇌의 신경망을 기계적으로 완전하게 재현한다는 것은 노력만으로는 가능하지 않았을 것이다. 보통 사람으로서는 컴퓨터과학만 해도 벅찼을 처지에 통계역학과 복잡계 등 물리학에 뇌신경과학까지 마스터하고 융합한 결과였다. 지금 우리에게 필요한 것은 포스트휴먼에 대한 비현실적 상상이 아닐 것이다.

참고문헌

몸문화연구소(2022). 『신유물론』. 필로소픽.

문규민(2022). 『신유물론 입문: 새로운 물질성과 횡단성』. 두번째테제.

맹성현(2024). 『AGI 시대와 인간의 미래』. 헤이북스.

백욱인(2023). 『인공지능 시대 인간의 조건』. 휴머니스트 출판그룹.

정우현(2022). 『생명을 묻다』. 이른비.

Sagan, C.(2006). *Conversations with Carl Sagan*. 김명남 옮김(2016). 『칼 세이건의 말』. 마음산책.

Hayles, K.(1999). *How We Became Posthuman*. 허진 옮김(2013). 『우리는 어떻게 포스트휴먼이 되었는가』. 열린책들.

Kurzweil, R.(2005). *The Singularity is near: When Humans transcend Biology*. 김명남·장시형 옮김(2007). 『특이점이 온다』. 김영사.

09

AI에 자의식과 감정이 있을까?

돌연변이나 특이점을 상상하는 사람들은 AI도 인식능력과 감정을 가질 수 있다고 추측한다. 이는 38억 년의 장구한 세월 동안 자연선택에 따라 진화한 생명체를 기계와 동일시하는 비과학적인 상상이다. 사람의 인식이나 감정은 기억을 더듬어 생각하거나 진화 과정에서 유전적으로 체화된 것이다. AI가 자의식이나 감정을 가진 것처럼 보이는 것은 학습된 데이터를 기반으로 언어를 생성하기 때문이다.

AI와 화장품?

중국의 한 작은 도시의 호텔에 머물 때 룸으로 맥주를 주문한 적이 있다. 호텔 주점에서는 로봇으로 룸까지 맥주를 배달했다. 국내 음식점에서 로봇이 주문한 음식을 식탁으로 배달해 주는 것을 경험한 적이 있어 낯설지 않았다. 그러나 지하 주점에서 엘리베이터를 타고 룸까지 정확하게 배달된다는 걸 생각하니 신기하기도 했다.

국내 배달 전문 업체에서는 음식점에서 가정까지 로봇이 음식을 배달하는 서비스를 시작했다. 초록불에 길을 건너고 사람이나 장애물을 피하며 주소대로 찾아가 배달해 주는 것이다. 앞으로 더 확대할 예정이라고 한다. 이 AI 로봇은 자기가 수행하는 일을 인식하면서 손님이 있는 자리와 집을 찾아가는 걸까? 물론 아니다. 상상력이 지나치게 풍부한 사람들은 AI도 인식능력과 감정을 가질 수 있다고 주장할지 모르지만, 과학적 증거는 없다.

생물학자들도 모르는 인식의 연원

인간의 뇌에는 해마와 같은 기억을 담당하는 부위가 있고 사고 기능을 하는 전두엽이 있다. 인간은 과거로부터 뉴런과 시냅스에 축적된 기억을 바탕으로 현재와 미래를 판단하는 의식 활동을 한다. 그러나 그 메커니즘이 어떻게 작동하는지는 모른다. 생물학자들은 자신들도 인간의 의식이 어디에서 연유하는지 아직 모른다고 한다(정우현, 2022, 13쪽). 대뇌피질을 비롯해서 뇌의 여러 영역들이 협력한 결과라는 정도로 이해하고 있다. 인간의 뇌는 복잡계의 자기조절기능을 발휘한다는 사실을 상기하면 이해할 수 있을 것이다.

(뇌)신경과학자들은 뇌야말로 인식의 원천이라고 주장한다. 그러나 인식이 뇌의 어느 부분에서 어떻게 작용하는지는 설명하지 못한다. 1,000억 개의 뉴런과 100조 개의 시냅스 및 신경전달물질 가운데 어디에 의식이 존재하고 어떻게 만들어지는지 명쾌하게 밝혀내기는 쉽지 않을 것이라는 얘기다. 말을 알아듣고 사물을 인식하며 감정을 갖는다는 것은 생명체의 특징이다. 생명체는 신체의 모든 기관이 합목적성을 갖고 있으며, 복제를 통한 증식이라는 진화 능력을 보유하고, 항상성을 유지하면서 엔트로피의 법칙을 거부하는 등의 공통점이 있다. 가장 중요한 것은 자기 복제 시스템과 스스로를 끊임없이 유지하는 입자의 흐름을 보유하고 있다는 사실이다(정우현, 2022, 95쪽).

노벨생리의학상을 수상한 생물학자 폴 너스(Paul Nuese)는 생명체를 생성할 수 있는 메커니즘으로 자연선택을 바탕으로 진화하는 능력, 세포라는 경계를 지닌 물리적 실체, 살아 있는 실체가 화학적 · 물리적 · 정보적 기계라는 것 등 세 가지를 꼽는다(Nurse, 2020/2021, 199쪽). 38억 년 전 펄펄 끓는 원시 바다에서 복제로 증식하는 생명체가 이른바 무수한 특이점을 통과하면서 진화에 진화를 거듭하고, 때로는 돌연변이로 종의 다양성을 확보하는 등 기나긴 자연선택 과정을 거쳐 여기까지 왔다. 자연과학은 생명체에 대해 적지 않은 비밀을 밝혀냈지만 아직도 모르는 게 많다.

뉴런 수십억 개가 어떻게 상호작용하여 추상적 사고나 자의식을 생성할 수 있는지를 이해하는 일은 이제 겨우 초보 단계에 해당하는 수준이라고 한다(Nurse, 2020/2021, 217쪽). 너스는 AI 시스템이 "데이터를 분석하는 일을 점점 더 인상적인 수준으로 수행하지만, 추상적 사고나 상상력, 자의식, 의식과 모호하게라도 닮은 것은 전혀 내비치지 않는다"라고 평가한다(Nurse, 2020/2021, 217쪽). 너스의 책 이후에 나온 생성형 GPT의 경우, 입력된 데이터를 조합하여 상상력으로 보이는 수준의 기능을 할 뿐이다.

학습(경험)이 뇌 안에서 뉴런들의 연관을 변화시킨다는 것을 연구에서 밝혀낸 칼텍의 에릭 교수는 의식의 본성을 밝히는 일은 21세기 과학의 가장 커다란 도전이며, 그 답은 쉽고 빠르게 얻어지지는 않을 것이라고 했다 (Eric, 2018/2020, 368쪽).

하버드대학교의 하워드 가드너(Howard Gardner)는 시공간, 언어, 논리수학, 신체 운동, 음악, 자연, 자기 성찰, 인간 친화 등의 지능이 포함된 다중지능이론을 제기했다. AI는 이 가운데 시공간 지능, 언어 지능, 논리수학 지능 등 세 가지에 국한되어 있다고 한다. 인간과 AI는 문제 해결에서 상반된 특성이 있어 인간이 감각, 무의식, 직관 등으로 쉽게 처리할 수 있는 영역은 AI가 어려워하고, 인간이 어렵게 공부해 쌓은 지적 능력이 필요한 영역은 AI가 잘한다고 한다. 그리고 인간은 자아와 자의식을 모두 가지고 있는 존재로서 욕망과 복잡한 삶의 동기에 따라 행동하는 반면에 AI에는 이런 인간적 요소들이 없다는 것이다(맹성현, 2024, 256쪽).

감정 표현은 유전으로 물려받은 인간의 본능

감정에 대해서도 마찬가지다. 인간의 감정 표현은 개인적으로 습관이나 학습으로 획득된 일부를 제외하고 대부분은 선천적이거나 유전으로 물려받은 본능적인 것들이다(Darwin, 1589/2022, 469쪽). 그뿐 아니라 인간의 주요 감정 표현은 인종 차이를 불문하고 전 지구적으로 대동소이하다(Darwin, 1589/2022, 477쪽). 예를 들어 올림픽이나 야구 경기를 시청하면서 환호하거나 조마조마하거나 아쉬워하는 감정 표현은 인류 공통의 언어다.

인적이 드문 밤길을 혼자 걸을 때는 자신도 모르게 긴장하면서 얼굴 표정이 굳고, 혐오물질을 보면 얼굴을 찡그리는 것은 모든 인류의 자연스럽고 공통적인 감정 표현이다. 인간이 자연 상태의 맹수들을 모두 사살했으므로 지금은 산을 걷다 호랑이나 사자 같은 맹수를 만나 놀라는 일은 없다. 그러나 길을 걷다 뱀을 만나는 것은 흔한 편으로, 뱀을 보고 놀라는 것은 모든 사람에게 공통적이다. 원시시대 이래 맹수나 뱀을 만나 물리거나 놀란 경험이 두려움으로 유전자에 기록되었을 것이다. 그럼으로써 경험하지 않아도 본능적으로 대처할 수 있는 태세를 갖추게 된다. 이러한 감정 표현은 인간의 복리를 위해서도 매우 중요하다(Darwin, 1589/2022, 483쪽). 왜냐하면, 긴장함으로써 위험에 대처할 수 있게 되고, 자연스러운 감정 표현을 통한 교감이 상호 소통과 이해에 도움이 되기 때문이다.

인간의 의식과 감정은 AI가 흉내를 내거나 그렇게 보일 수는 있어도 따라올 수 없는 고유의 영역이다. 무엇보다 AI는 자의식을 가지고 현실 세계를 직접 경험하지 못한다. AI는 철저하게 인간이 설정해 놓은 목적과 알고리즘에 따라 언어를 생성할 따름이다. 인간처럼 세상을 직접 경험하면서 지식을 축적하고 체화하면서 고유의 창의력을 발휘할 수는 없다. AI는 프롬프트나 습득한 지식에 의존해 나름의 창의력을 발휘하기도 하지만, 인간처럼 의식에 기반해 마음 깊은 곳에서 시작하는 창의적 사고의 틀을 만들지는 못한다(맹성현, 2024. 287쪽). 인류가 선천적이고 본능적인 감정 표현으로 소통하고 교감한다는 것은 오랜 진화의 시간을 말해 준다. 짧은 시간에 인위적으로 만들어 낼 수 있는 것이 아니라는 얘기다.

인간의 공감 지능은 공자가 말한 충서(忠恕)와 같은 것이다. 공자는 자신의 학문과 사상이 '서' 하나로 관통한다고 했다. 서(恕)는 다른 사람의 마음을 헤아려 배려하는 공감을 의미한다. 그런 공감을 마음 중심[忠]에서 우러나오는 절실한 마음으로 하는 것이다. 그것이 '충서'다. 공자는 구체적으로 서는 "자기가 하고 싶지 않은 것을 남에게 강요하지 않는 것"이라고 했다. 애덤 스미스가 『국부론』에서 말한, 경쟁하면서도 상대를 배려하는 공감(sympathy)과도 같은 것이다.

그러나 그게 쉬운 일은 아니다. 그래서 공자는 충서를

인(仁) 사상에서 가장 중요한 덕목으로 강조했다. 스미스가 기대한 만큼 되지 않은 것도 마찬가지다. 부단히 노력하는 수밖에 없는 과제이기도 하다. 인간에게는 또한 '메타 인지'라는 고유 능력이 있다. 자기 생각과 행동을 인지하는 것이다. 챗GPT에도 메타 AI를 장착하기도 한다. 그러나 인간의 메타 인지와는 차원이 다르다. 자의식이나 욕구, 생존 목표와 같은 게 아니기 때문이다. 메타 인지 능력은 진화 과정에서 인간에게만 주어진 선물이다(맹성현, 2024, 295쪽). AI가 의식이나 감정이 있는 것으로 보인다고 해도 그것은 미리 설계된 알고리즘의 수준에서 벗어나지 않는다.

참고문헌

맹성현(2024). 『AGI 시대와 인간의 미래』. 헤이북스.

정우현(2022). 『생명을 묻다』. 이른비.

Darwin, C.(1589). *The Expression of the Emotions in Man and Animals.* 김성한 옮김(2022). 『인간과 동물의 감정 표현』. 사이언스북스.

Eric, K.(2018). *The Disordered Mind.* 이한음 옮김(2020). 『마음의 오류들』. RHK.

Nurse, P.(2020). *What is Life?: Understand Biology in Five Steps.* 이한음 옮김(2021). 『생명이란 무엇인가?: 5단계로 이해하는 생물학』. 까치.

10
인류의 미래

AI가 장차 인간의 능력을 초월하는 수준이 되면 인간을 지배하거나 멸종시킬 수도 있다는 우려를 하는 사람들이 있다. 그러나 AI가 작동하는 원리를 알면 AI와 공존하는 지혜를 발휘하게 될 것이다. AI에 대한 과도한 상상과 억측은 무지의 산물이다. 역사 이래 인류가 개발한 인간의 확장들은 부작용을 수반했다. 오남용만 자제한다면 인류에게 희망이 될 수 있을 것이다.

종교와 AI?

우리는 앞에서 포스트휴먼이니 트랜스휴먼이니 하면서 AI가 인류에게 재앙을 가져오게 될 것이라고 주장하는 비현실적 상상과 억측들을 살펴보았다. 역사 이래 인류가 개발한 인간의 확장들은 문명의 이기인 동시에 생명을 해치는 무기가 되어 부작용을 초래한 사례들을 알고 있다. 인류가 생존을 위해 신체의 한계를 극복함으로써 식량 확보에 도움을 주는 확장물을 개발해 내는 것은 자연스럽고 필연적인 과정이었다. 이를테면 농사를 짓는 데 맨손보다는 호미와 쟁기가 수월했고, 사냥을 하는 데는 창과 활이 효과적이었다. 그런 것들은 모두 무기가 될 수 있었다.

AI와 공존하려는 준비

AI가 인간의 지능을 초월함으로써 인간을 해칠 수 있고 심지어 인류를 지배하거나 멸종에 이르게 할 수도 있다고 우려하는 사람들이 있다. 그러한 우려는 생성형 AI인 챗GPT가 나오기도 전에 너무나 앞서갔던 영화적 상상이었다. GPT-4까지 나온 마당에 그러한 우려는 인간의 뇌를 모사한 심층 학습과 언어 모델, 알고리즘, 트랜스포머 등의 작동 원리를 이해하게 됨으로써 상당 부분 불식될 것으로 보인다. 물론 아직 트랜스포머의 어느 부분에서 어떤 일이 벌어지는지 모르는 현상을 보여 주고는 있지만, 인간의 행동과 관련하여 뇌가 어떻게 작동하는지에 대해 기능적 자기공명영상(fMRI)으로 하나씩 확인하듯이 점차 밝혀질 것으로 보인다. 그러나 아직은 테크놀로지의 진화가 어떻게 전개될지 예측하기 어려운 현실에서, 만약의 경우를 가정하여 대비는 하되 AI와 공존을 모색하는 게 현명한 선택일 것이다.

지금까지 미디어는 인간의 육체노동을 대행해 온 데 비해, AI는 인간의 정신노동을 대행하고 있다. 지식과 데이터를 저장해 기억하고 있는 상태에서 어떤 문제든 바로 해답을 생성해 내는 능력은 인간의 능력을 훨씬 앞서 있다. 문자가 발명된 이래로 대부분의 미디어는 인간의 기억을 단순히 대행하는 것이었다. 가장 최근의 미디어인 인터넷 검색엔진도 그랬다. 책을 찾아보고, 신문과 방송을 찾아보고, 인터넷에서 검색해 보는 게 전부였다. 관건은 용량과 속도였다. AI는 이 모든 기능을 수행할 뿐 아니라 프롬프트로 물어도 바로 답을 생성해 준다. 영상을 만들어 주고, 리포트를 대행해 주고, 소설을 써 주고, 병의 진단과 처방을 해 주고, 판검사와 변호사의 일을 대행해 준다. 사람이 할 일의 많은 영역에 침투하고 있는 것이다.

맹성현 교수는 대학의 학사학위와 각종 자격증이 일자리와 연결되기 어려워지는 현실에서 “현재와 같은 전공 체계와 교육 방식으로 전문 지식을 제공하는 대학의 모습은 지속 가능하지 않다”라고 강조한다(맹성현, 2024, 332쪽). 21세기를 융합의 시대라고 강조해 왔지만, 대학 교수들에게는 마이동풍이었고, 그사이 AI가 융합적 지식으로 무장한 가운데 무한한 창의력을 발휘하고 있다. 창의력의 원천이 전공의 벽을 허문 지식의 융합이라는 걸 대학이 모르지는 않을 텐데 미동도 하지 않았다.

그런 상황에서 AI가 19세기 산업사회가 강제한 전문가 양성의 시대를 종식하면서 지식의 융합으로 무장한 채 등장한 것이다. 중고등학교 교육도 다르지 않다. 대학 입시를 겨냥한 암기식 교육을 답습하고 있는 마당에 암기로는 AI를 따라갈 수 없다. 고등학교의 암기식 교육과 줄 세우기식 대학 입시 제도는 한계에 도달했다. 어느 한 분야 전문 지식이 아니라 거의 모든 분야의 지식을 학습해 저장하고 있는 AI를 어떻게 활용할지가 관건이 되었다. AI는 많은 일자리를 차지하게 될 것이다. 그러나 한편으로 많은 새로운 일자리를 만들어 내기도 할 것이다. 부모들과 학생들이 가장 선망하는 분야가 의사와 법률가일 것이다. 그런데 AI가 가장 잘할 수 있는 분야에

속하는 게 법률가와 의사의 역할이다. AI는 이미 거의 모든 영역의 법률과 판례를 학습한 상태에서 소송을 대리할 수 있고, 판결문을 작성할 수 있으며, 의사를 대신해 진찰하고 처방을 내릴 수 있다. 이번에 노벨화학상을 받은 알파폴드의 사례만 보아도 짐작할 수 있는 일이다.

그러나 인간은 AI에 없는 고유의 능력이 있다. 자의식과 감정 그리고 현실의 생생한 경험이다. AI는 사람에 의해 학습된 지식과 데이터를 기반으로 알고리즘에 따른 목적 지향의 결과를 만들어 낼 뿐 그 지식과 데이터와 관련된 생생한 현실 인식은 할 수 없다. 오랜 진화 과정에서 자연스럽게 축적된 직관과 같은 본능도 없다. 그래서 AI가 흉내 낼 수 없는 인간의 본성을 이해하여 우리 스스로 공존 전략을 만들어가는 것이 현명한 길이 되는 것이다(맹성현, 2024, 306쪽). AI가 생명체처럼 진화해 돌연변이를 일으키거나 특이점을 돌파하여 괴물이 되는 일은 없다. 다윈도 진화(evolution)라는 말을 절제했다는 사실을 상기하면 알 수 있는 일이다. AI가 진화한다는 것은 기술의 발전을 의미할 따름이다. 사람이 하기에 달린 것이며, 따라서 인류의 생존과 발전에 최적화된 상태로 공진화하도록 관리하는 것이 현명할 것이다.

인터넷과 함께 성장한 MZ 세대와 2010년 이후 출생해

스마트폰을 장난감처럼 가지고 놀며 성장하고 있는 알파 세대는 그 윗세대와는 확실히 다르다. 그다음으로 AI와 함께 성장할 베타세대는 또 다른 특징을 보여 줄 것이다. 세이건과 브로노프스키 그리고 위너가 강조한 인간의 기나긴 유년기도 단축될 가능성이 크다. AI와 일상적으로 함께 학습함으로써 지식을 습득하는 속도가 빠를 것이기 때문이다.

과학 지식이 힘이다

생명체의 모든 종은 자연에 순응해 진화함으로써 생존해 왔다. 그러나 인간은 자연을 정복 대상으로 삼고 파괴하면서 극복해 왔다. 산업혁명의 후과로 인구가 급격하게 늘어나면서 불가피하게 끊임없이 동물의 서식지를 잠식하고 생활의 터전으로 삼은 결과는 생태 위기와 기후 재앙으로 귀결되고 있다. 자연에 순리적으로 적응해 생존하는 대신에 자연을 잠식하고 소모함으로써 위기를 자초한 것이다.

프랜시스 베이컨(Francis Bacon)은 그의 저서 『신기관(Novum Organum)』에서 "인간의 지식은 곧 인간의 힘이다. 왜냐하면 원인을 모르는 상태에서는 결실을 얻을 수 없기 때문이다. 자연을 다스리려면 복종시켜야 한다. 심사숙고하여 밝혀낸 원인이 법칙으로 작동하는 것이다"라고 했다. 여기서 지식은 자연을 관찰하고 사색함으로써 얻은 지식이다. 흔히 알려졌듯이 단순히 아는 것(knowledge)으로서 지식이 아니라 과학으로서 지식이다. 이 책이 라틴어로 쓰였을 때 표현은 "인간에게 지식과 힘은 일치한다. 원인을 모르면 결과도 없다(Sciéntîa et potentia humana in idem coincidunt, quia ignoratio causae destituit effectum)"였다.

여기서 라틴어 스키엔티아(sciéntîa)를 계승한 것이 영어의 사이언스(science)로서 실험과 관찰로 획득한 검증된 지식이었다. 사이언스는 훗날 유럽에 유학 갔던 일본의 학자들이 서양의 학문이 동양과 달리 분과(分科)로 되어 있는 것으로 인식하여 과학이라고 번역한 것이다. 브로노프스키는 지식이 우리의 운명이라면서 "과학이라는 말은 지식에 대한 라틴어일 따름"이라고 했다(Bronowski, 1973/1985, 360쪽).

베이컨의 말은 자연과학의 부흥을 가져옴과 동시에 자연을 정복 대상으로 삼고 이용하는 데 혈안이 되게 만들었다. 그로부터 400년이 지난 작금의 현실은 우리가 익히 경험하고 있는 바다. 그런 점에서 베이컨의 말을 다시 새롭게 인식해야 할 시점이다. 아는 것이 힘이 아니라 과학이 힘이다. 자연의 질서에 대한 지식은 자연을 이해함으로써 하나밖에 없는 지구를 소중하게 생각하고 보전하는 일을 소홀히 하지 않는 깨달음으로 나타나야 한다. 그런 깨달음이 AI에 대한 과학적 이해와 실천으로 연결되어야 할 것이다.

참고문헌

맹성현(2024). 『AGI 시대와 인간의 미래』. 헤이북스.

Bacon, F.(1620). *Novum Organum.*

Bronowski, J.(1973). *The Ascent of Man.* 『인간 등정의 발자취』. 범양사 출판부.

김동민

고려대학교 임학과를 졸업하고 한양대학교 대학원 신문방송학과 박사학위를 받았다. 한일장신대학교 교수를 지냈으며 한양대, 단국대, 전북대, 동아대 등에서 강의를 했다. 한국언론정보학회 회장을 지냈으며, AI커뮤니케이션학회 설립을 추진하고 있다. 저서로는 『미디어 오디세이』, 『미디어 시간여행』, 『매클루언 미디어론의 자연과학적 해석』, 『미디어 빅 히스토리』 등이 있다.